价值与未来

张振东◎著

安徽师范大学出版社
ANHUI NORMAL UNIVERSITY PRESS

·芜湖·

图书在版编目（CIP）数据

价值与未来 / 张振东著. —芜湖:安徽师范大学出版社,2023.10(2024.5重印)

ISBN 978-7-5676-6327-5

Ⅰ.①价… Ⅱ.①张… Ⅲ.①投资—研究 Ⅳ.①F830.59

中国国家版本馆CIP数据核字(2023)第127954号

价值与未来

张振东◎著

JIAZHI YU WEILAI

责任编辑:吴毛顺　　　　　　　　责任校对:李　玲

装帧设计:王晴晴　冯君君　　　　责任印制:桑国磊

出版发行:安徽师范大学出版社

　　　　　芜湖市北京中路2号安徽师范大学赭山校区　　　邮政编码:241000

网　　　址:http://www.ahnupress.com/

发 行 部:0553-3883578　　　5910327　　　5910310(传真)

印　　　刷:安徽联众印刷有限公司

版　　　次:2023年10月第1版

印　　　次:2024年5月第3次印刷

规　　　格:700 mm × 1000 mm　　1/16

印　　　张:15

字　　　数:210千字

书　　　号:ISBN 978-7-5676-6327-5

定　　　价:68.00元

凡发现图书有质量问题,请与我社联系(联系电话:0553-5910315)

轻舞飞扬，一位诗人的投资艺术

为东东哥新书作序，受宠若惊，亦感荣幸之至。

我们因工作机缘相遇，因文学相知，两本书是我们友谊的见证，一本是《秦淮河的水》（南方寺诗集），一本是《黄雀记》（苏童小说），其中故事丰富而久远，意会胜于言传。时光把我们的交集打磨成相识、相知并互相欣赏。他在我吃饭的行当里，脱颖而出；我在他不擅长的场景中，不断进步。

想了解东东哥的投资哲学或艺术，需要先了解他这个人。他是一位诗人，诗人的浪漫与情怀奠定了他在投资中的异类存在，他不是正常思考的人，也不是正常行走的人，他是生活中的舞者，人如其诗——"我的确这样想象过/以飞翔代替行走的姿势"（《我这样想象过》）。尼采说，每一个不曾起舞的日子都是对生命的辜负。我怎么觉得这话就是写给东东哥的呢！

可以毫不夸张地说，东东哥的经历是传奇，出身布衣，在股海中沉浮，最终脱颖而出。以下几点仅仅是我个人的观点，有不当之处还请各位批评指正。

首先，东东哥之所以能在资本市场脱颖而出，在于他不断自我迭代的能力。这种能力是难能可贵的，是稀缺的，不管是工作、生活，还是投资理财等方面，自我迭代的能力非常重要，一时的成功需要运气，一直成功需要这种自我迭代的能力。我们中的很多人，曾经很成功或者有一段时间很成功，但是环境变化、时间变化之后，之前行之有效的方式方法，不灵了，有时候反而成为进步的绊脚石。有句话很有意思，"凭运气挣到的钱，全部凭实力亏掉了"，这句略带调侃和讽刺的话却像针一样扎进现实，让每一位参与者都感受到疼痛。的确，个人一时成功之后，形成思维路径依赖，很难再跳出路径，形成迭代而再次成功。但是路径依赖在他身上好像不存在，他可以在文学和投资领域自由切换并得心应手，投资中也可以在不动产投资与权益类投资中如鱼得水。这些骄人的战绩，首先得益于他的自我迭代的能力，这一点你说是先天具备的特质也好，后天修炼提升也罢，总之他有这样的特质，不服真不行。

其次，诗人的气质、浪漫主义的乐观精神成就了东东哥。有人这么评价他："东东哥是诗人圈子里的投资牛人，投资圈子里最有诗意的人。"投资中，特别是当市场出现极端行情时，出于本能，人们涨了想跟风买，越涨越买，坐等收益；跌了又慌忙割肉，甩卖，不计成本。这种情形下，我们都是普通人，是众人中的一员，有平常人的感情，所以跟随大众恐慌或疯狂在所难免。这一点，在东东哥身上，又显示出不一样，他似乎天然隔离了一切噪音，专注享受着自己独特的舞步。因为他首先是一个诗人，那种浪漫主义风格诗人，所以他更加超然、更加洒脱，也许正是这种气质成就了他的诗，成就他的投资，成就了他独特的人生风景。

再次，就是逆向思维。逆向思维，人弃我取，这个大家都在说，但知易行难，这一点每一个投资人都是有深刻体会的。"懂了很多道理，依然过不好这一生"，投资亦然。问题出在哪里呢？就是真正面对真金白银的投资，面对自己血汗钱大幅波动的情况，之前所有内化于心的那些理论知识，就很难外化于行了，更多的时候是听从了我们自己内心的声音，恐慌或者贪婪，而且这两种状态间几乎没有过渡，人性使然。东东哥仿佛不在三界内，面对市场大恐慌，他能敏锐地嗅到机会来了；在市场疯狂之时，又能做出恰当的决定。

最后，不断拓展自己的能力圈。古话说"活到老，学到老"，东东哥在书中推荐的投资领域的经典著作，我个人觉得仅仅这一项就价值连城。我们绝大多数人在投资之初，没有太多金融或投资方面的知识和经历，需要在后天的学习和实战中摸索前行，随着实战经验不断丰富，以及对经典投资类著作的学习吸收，进而形成自己的理论体系和操作方法。世上没有捷径，投资也不例外，辉煌战绩的背后是难以想象的艰辛付出，不断地试错、改进、再试错、再改进，日积月累，不断提升认知，扩大自己的能力圈。

"一千个读者眼中就会有一千个哈姆雷特。"东东哥的这本书，我认真阅读了三遍，每一次都有新的收获。希望大家阅读之后和我一样有所得，并形成自己的投资理念和投资方式方法。开卷有益，甘之如饴。祝愿大家投资顺利！

是意外，亦是惊喜

我对股市的态度前后截然相反。最初听人谈论股市我是极其反感的，觉得他们是想不劳而获，简单粗暴地以为那是一个害人害己的大赌场。中间对股市认知上如何进化的这里暂且不谈，后面章节会有涉及。如今在我眼里炒股是最好的事业，我在多个场合说过，请我去当总裁我都不当，我宁愿做投资。这当然是玩笑，没人请我当总裁，我也没那个能力，但我对股市是真爱！

做投资多年，总体感受是无比艰难，是那种刺穿生命极限的难和痛。尼采说，一切美好的事物都是曲折地接近自己的目标……时间本身就是一个圆圈。的确如此。股市人生，百转千回，万丈豪情被冷却了几百个轮回，但依然要顽强地战斗，坚定地勇往直前。

历经大起大落、生死历练之后，人，自然就淡定下来，表达欲则日渐强烈，就琢磨着写一本书：一本关于如何炒股的书，释怀一下"淡定天下、成就自我"的人生大境，以成就更多的人。我知道这很难，因为炒股的书实在太多了，各种投资流派，各种选股的规则方法，五花八门，看似逻辑严密，但一般投资者很难从中找到答案，反而更容易迷失。小弗雷德·施韦德（被誉为描写股市的马克·吐温）说得极好：华尔街投资的书，大致可以分为两大类，一类是赞赏派，另一类是报复派。赞赏派认为股市可以赚大钱，并提供各种方法；而报复派则认为股市是"坏人"，悲观地认为怎么投资都是死路一条，因为经济本身就是死路一条。很明显，赞赏派一定是在牛市的时候写的，而报复派则是在熊市的时候写的，都是情绪化的产物。

那么，有没有一本书可以帮大家打开思维和格局？有没有一本书可以让大家容易理解、容易操作且契合中国特色资本市场？这种类似一般常识的投资类书籍，很遗憾，我没有找到。于是，我来了。

结构上，我特意打乱了顺序，让本书章节看起来不那么衔接和紧凑，以实现对阅读者更好的思维冲击；视角方面，我采取了不同于其他投资类书籍"分析总结过去，得出看似正确结论"的写法，更多切入如何认识我们自己、如何认识股市、如何思考未来。为了更加生动化、有体验感，我还对具体标的展开剖析并给出明确的交易策略和目标预判，以待时间验证。

我的想法很简单，帮助广大股民学会投资，实现盈利。我本身就是散户，知道大家来股市就是想赢，这需要在心理素质、理论水平、实战能力等方面全方位提升。否则，扯来扯去最后找不到金矿都是纸上谈兵！

想赚钱，稳定盈利，我觉得并不是丢人的事。当然，世界观、人生观、价值观要正，否则赚到再多钱也没有意义。为了给家人更好的生活，让家人更有安全感，我们要敢于并善于脑洞大开——财富大金矿在哪儿？是否会有那么一天，也可以拥有自己的小岛、游艇和码头？万一实现了呢！

写炒股的书，我是有自信的。我本就是作家，有些作品还被选入了中高考语文模拟试卷和中学生课外读物，说明笔力还凑合吧！再者，我一个普通股民通过炒股实现了财务自由，且形成了自己的投资体系，说明我还是有那么一点炒股天赋的。一个在股市实现财务自由的作家去写如何炒股的书，我看行。

通过这么多年的投资实战，我就在想，我有责任写这么一本书，一本通俗易懂的证券投资书，理顺逻辑、厘清概念，让大家以切身体验的方式进入，在不知不觉中完成从失败思维向成功思维的转变，从投资失败的苦海中走出来，就像一束光一样照亮大家的股市投资之路，帮助股民找到并拥有自己的"游艇"。

当然，之所以决定动笔写这本书，还有其他原因，我会在本书后记说这件事。

说说我是怎么一步步走上炒股这条路的。大学毕业后，我来到了南京，通过笔试、面试，我成了南京某知名媒体的一名记者，这也是我人生中第一份工作，由于性格简单，情商太低，适应不了单位级别繁多、错综复杂且微妙的人际关系，很快我就明白，做记者并不是简单地写稿子，还要有能力处理各种关系，而作为农村走出来的我，很明显存在各种短板，所以不到一年的时间，我的新闻理想就草草收场了。后来我到了上海的一家房地产公司，负责该公司在南京一个项目的营销策划工作，项目很大，一千多亩地，最重要的是薪酬比我期待的高，我干劲十足，加班加点表现积极。可好景不长，那天来个新员工，人事部门负责人介绍说是我的上级，和她简单沟通寒暄后我感觉不妙，此后的相处印证了我的判断：因为工作理念、思路的不同，我和她发生了一些不愉快的经历。后来领导找我谈话，批评了我，我接受批评但拒绝认错。领导对我不错，说这边闹僵了，推荐我去另一家更大的房地产公司，他朋友的公司。我婉拒了。我决定去一家南京本地的大企业，这家企业的人事部门负责人也在等我的回话。

之所以选择南京本地企业，是因为让我负责公司的房地产营销工作，发挥空间大了很多。这段时间工作上游刃有余，我颇有些得意，心情也愉快了很多，但我不满足于此，我甚至想将来可以做集团的总裁。因为期待更大的舞台，所以我的工作思考不局限于营销，思想、行动上都表现得很有张力。但我的雄才大略还没来得及展现，总裁梦也还在梦里，我干了一件"大事"，让一切戛然而止。因为管理机制、奖励政策等问题，我负责的营销部门与分管领导产生分歧。此事带来的震动远远超出了我的想象。老板亲自过问，我到集团总部接受问询。我慷慨陈词、据理力争，但并没有什么明显效果。集团一位高管的话点醒了我：你再有才华，老板也不可能为了你一个部门经理去处罚一个副总裁。几天后，人事部门负责人找我谈话，大意是说出了这么大的事必须有人承担责任，要把我调去位于外省的一个超大的旅游度假项目，说那里我更能施展才华。外派也好，调离也罢，我更真切的感受是流放。这时我就有了结束这次职场生涯的想法。

在外省的几个月里，我变了，变得沉默寡言，长久处于思考中。晚上，我一个人来到球场边，把泄了气的篮球当足球踢。时光仿佛有了不同的意义，是爆发前的静默，还是激情过后的颓废，那时不得而知。我对着寂静而空旷的夜空引吭高歌，眼泪奔涌。

也是从那时起，我学会了拷问自己。接连的职场失意让我不得不深刻反思自己：目中无人，独断专行，个人英雄主义，缺少全局观，等等，我必须正视这些缺点并找到突破口，否则，这一生将一事无成。但江山易改，本性难移，想改掉谈何容易。某一刻我顿悟了——我或许可以把缺陷变成优势。正如托尔斯泰所言，每个人都会有缺陷，就像被上帝咬过的苹果，有的人缺陷比较大，正是因为上帝特别喜欢他的芬芳。但群居社会里，一个桀骜不驯的人可行的路显然很有限。是时候做出决断了。孙子云，置之死地而后生。海德格尔说，向死而生。我不能再浑浑噩噩下去了，需要给自己一个交代，当断则断，该干就干。我本能地想到了股市，靠一个人单干可以成就大业的可能只有股市。我觉得如果一个人真的有远见，真的有非凡的洞察力，那就可以尝试。股市，需要的正是"独断专行"——独立思考，独立决策。对与错，结果一目了然。有句话说得很有意思，民主是一件很伟大的事情，但在投资决策方面却是个例外。

所以对我来说，选择炒股，是"走投无路"之后的路，是个意外，因为它不在我的理想树上，我的理想树上有过警察、军人、记者、教授……从没有想过做职业投资人。

开户那天的一些画面如昨。某大型券商在南京的一个营业部的一个工作人员接待了我，她随口问了句：为什么炒股？我说上班随时可能被辞退，炒股才是自己永恒的事业。我注意到她的笑容持续了很久。我至今没明白她持久的笑容是什么意思。

开了户，就算正式入市了，新的问题来了：没有资金怎么炒股呢？就那么点工资，除去房贷、生活费后所剩无几。接下来，需要一边工作，一边炒股，重心是炒股，至于工作只是为了积累本金，对于职场规划或晋升完全放弃，干房地产营销老本行，追求的是轻车熟路，不再梦想当总裁了。从内心深处来讲，我的职业生涯已经结束了。因为没有了职场追求，没有野心，我变得平和了许多，之后的几份工作也干出了不错的业绩，多次被老板在重要场合表扬……老实说我对后面几位老板心怀感恩和愧疚，我没坦承我已无心职场，对职务没有更高追求，我对工作投入不够。我把大量的时间用在了阅读上，经济类的、金融类的、投资类的……这么说吧，稍微有点影响的，我都如饥似渴地汲取营养。一切只为了那个梦想。

几年前一位前同事联系我，她是做人事工作的，已到了新单位，她先是表扬了我过去的工作业绩，然后问我的近况。我明白她的意思，我说我早就离开职场了，现在专职投资。她"啊"了一声，说："炒股也能赚到钱？太神了！"我说了一个细节："当初在公司，我拒绝公司给我缴纳各种保险、公积金什么的，请求折合成现金随工资发给我，你为此还让我写了个说明并签字按手印，你知道我要干什么吗？为了积累本金。"她愣了一下说："太疯狂了！"

我不认同。我不是一个疯狂的人。我自知，我有自负、固执等缺点，但换个角度看，也许可以理解为超自信的执着。柏拉图说，理想是灵魂中最高贵的因素！我愿意为理想全力以赴，尽管具体做法看起来过于冒险，尽管异于大多数人的认知，但我一个农村进城的普通青年，想逆袭，就要敢于承担风险，要有放手一搏的勇气！

如今说起这些业已云淡风轻，我要感谢这个意外，让我学生时代的远大理想得以实现，当然，学生时代不知道财务自由这个词。

正如这个序言的标题，是意外，亦是惊喜。当我们学会审视自己，反躬自省，不回避不退缩，并充满自信地全力以赴为梦想放手一搏，也许就会与一个惊艳之美不期而遇。海德格尔说，存在让存在者得以呈现。我们要努力让自己的存在有意义，让生命开出美丽的花朵。

记不清从哪里看到过一段文字，大意是说，股市是唯一没有门槛、全靠实力说话的地方，你不需要做那些违背自己意愿的杂事，唯一要做的就是不断学习、不断前进。这段话直达我的内心深处，仿佛是为我量身定做的。

最后我要坦诚一件事，就是写这本书我是怀有私心的，这也是我动笔写这本书的驱动力之一。大概是三年前，我读到了《戴维斯王朝》这本书，该书展现了一个成功的投资家族和他们的投资理念，以及华尔街那段波澜壮阔的、有趣的、迷人的历史。如今，戴维斯家族第三代已经登上舞台，续写他们家族的投资传奇。这本书让我精神大振，眼界大开，雄心壮志被彻底点燃——我不就是我们家族的"老戴维斯"吗?! 我要把我对投资的所思所悟写下来，供子孙后代学习发展，开创属于我们家族的投资王朝。

想法有点大，读者朋友们姑且一笑。

最后需要说明的是，图书从创作到出版，最后到读者手中，会经历较长时间，阅读时应动态考虑时差、企业发展、行业变迁、宏观背景等。

张振东

目　录 **Contents**

第 **1** 章 　我们如何认识自己

一　我是谁

我是谁？我要成为怎样的人？我希望通过投资达到什么样的生活状态？为了达到这个目标我应该怎么做？

老子说，知人者智，自知者明；孙子云，知己知彼，百战不殆。我们背会了，很早就背会了，仅此而已。事实上我们压根儿不知道自己是谁。

尼采说，生命中最难的不是没有人懂你，而是你不懂自己。投资学告诉我们，我们最大的敌人是自己，要想成功就要先知道自己是谁。学会拷问自己并尝试弄明白自己，是成功投资的开始。

从今天开始，大家要把开头的问题刻在脑海里，并尝试着回答；从今天开始，我带领大家寻找属于自己的"游艇"，这当然不是一件容易的事，千头万绪，先厘清思路和情绪。

网上流行一首小诗，写得很精致，弄不清作者究竟是谁，署名莫言，后来莫言发文澄清一些作品不是他写的，其中包括这首诗。诗很短，很美，也很无奈。诗名叫《你若懂我，该有多好》："每个人都有一个死角，自己走不出来，别人也闯不进去／我把最深沉的秘密放在那里／你不懂我，我不怪你／每个人都有一道伤口，或深或浅，盖上布，以为不存在／我把最殷红的鲜血涂在那里／你不懂我，我不怪你。"读这首诗，心中总会涌起莫名的伤感，你不懂我，我不怪你，其间藏有几多深情，几多无奈。

这无奈具有普遍性。几乎没几个人知道自己是谁，何谈认识他人，更谈不上"懂"了。

我们似乎不曾思考过"我是谁"，或许思考过，一带而过的那种。

认识一个人不是容易的事。我们常说知人知面不知心，日久见人心，实际上我们无法准确认识一个人，包括自己。看到这，有读者会说，怎么可能呢？我活了这么大会不知道自己是谁吗？我要说，别太自信，你还真不知道你自己是谁。耐心读书，读完此书，如果你学会了怎么思考自己是谁，那就是很了不起的人了。

时光匆匆过，一切都在变，有人类以来，尚无不变之人。昨天的你尚且模糊，何况今天的你，明天的你。

说个有意思的事。我是金庸迷，时常想起《侠客行》最后一章"我是谁"，即到最后石破天也不知道他是谁。电视剧展现得更形象，身怀绝世武功的石破天仰天长啸：我是谁？我到底是谁？观者看到这情景忍不住哈哈大笑，这孩子，傻了！我是谁？你是谁？他是谁？是怎样的人？或许，我们也要同石破天一般一辈子揣着这些疑惑吧！

别误会，我不是让大家怀疑自己的身世，我是拿这个事说事，我们面临的事比石破天的身世复杂得多。不正视这个事，我们就无法走出股市投资迷局，无法从反复被收割的泥沼里爬出来。

我是谁，不只是指性别、年龄、身高、体重、婚姻状况、姓甚名谁、干什么工作等，这些标签符号回答不了！

也许你会说，活了那么多年，不知道自己是谁，这不是胡扯吗？我可以负责任地说，我真没胡扯，如果想胡扯，找几个狐朋狗友，几杯酒下肚可着劲胡吹海扯，没必要费劲码字了。我是谁，只是一个形象的说法，真正要谈的是认识上的事，认识自己，认识他人，认识我是谁，认识他是谁。举个例子，前天陪一个有十多年交情的朋友去马鞍山谈一个合作项目，我这朋友做的事比较多元，除了工程类、营销类、餐饮娱乐类，还有股权投资、二级市场投资等，所以谈着谈着谈起了股票投资，尤其是最近逮住了大牛股，翻倍涨，说着说着还扯到了我，把我的股票投资战绩抖搂个底朝天。对方一位参与会谈的经理听得两眼冒光，说："我要有你们这么大的资金量，我也能赚钱！"我这朋友说，这跟资金大小没关系。我问对方那合作伙伴："你炒股赚过钱吗？"他说："赚过，赚的小钱，一增加投入很快就被套住。"我又问："你炒股多久了？"他说十多年了。我说："你如果资金量大，会亏得更惨！"话一出口，我就后悔了，怕会伤到对方的自尊心，我赶忙圆场，说股市上的事说不准，都是瞎说。我们接着谈正题，这次合作，都是朋友，既要合作共赢，又要开心愉快。我说到这，读者朋友应该能看出我说这事的用意，那位伙伴既不认识自己，也不认识别人，他把自己亏钱、别人赚钱归结为资金量大小。

接着说，我是谁，我要干嘛。为什么又说这个，因为重要。康德说，终其一生，我们都在认识自己。我说一件眼下发生的事。妻子的表弟是"学霸"，是老师的好学生、全家的希望，高考成绩出来验证了"学霸"本色，高出一本线100多分。到了填报志愿时却犯了愁，亲戚朋友咨询了一遍，尤其是他的博士表哥给了很具体的建议，具体到了学校、院、系、专业，但还是定不下来。他爸妈问他："你自己怎么想的？你的理想是什么？你想学什么专业？"对此他就一句话"我不知道"。大家读到这里不要觉得意外，不知道自己要干啥的绝不仅他一个人，而是普遍现象。我们扪心自问，当年考大学知道自己想学什么吗？是不是随着热点游走？听说新闻热就报新闻专业，听说法律好就报法律专业，听说计算机专业好就业就闭着眼睛报计算机……我当年报专业更离谱，看哪个专业招的人最多就报哪一个。我顺便在这里透露一下，大学毕业20年了，我从没从事过一天我大学读的那个专业方面的工作。

话题回到妻子的表弟，作为妥妥的"学霸"，他从来没思考过自己，不知道自己是谁，只顾着低头拉车，要去往哪里似乎是别人的事。岳父说，这孩子就是为考试而生的。我想到许巍的《漫步》：很多事来不及思考，就这样自然发生了／在丰富多彩的路上，注定经历风雨／让它自然地来吧，让它悄然地去吧／就这样微笑地看着自己，漫步在这人生里……可不是吗，我们被时光追赶着漫步人生，来不及思考，又或者压根儿就没有思考的潜意识。

几年前有部剧——《琅琊榜》很火，对我认知上很有启发意义，尤其是《风起长林》（《琅琊榜2》）。老阁主说，人心深沉，有时信不过自己，有时又信不过他人。事实上现实残酷得多，何止自己，何止他人，即使在一个屋檐下生活多年也大多是熟悉的陌生人。

每个人都活在自己的思维里，活在自己的小九九里，以己度人，自作聪明，既不认识自己，也不认识他人。"认识"太艰难，我们身陷各种"忙碌"，遗忘了思考，弄丢了基本的"意识"。

我想起在某杂志上看到的寓言诗《鸟的评说》：麻雀说燕子是怕冷的懦夫／燕子说黄鹂徒有一身美丽的装束／黄鹂说百灵声音悦耳，动机不纯／百灵说最无原则的，要算那鹦鹉／鹦鹉说喜鹊生就一副奴颜媚骨／喜鹊说苍鹰好高骛远／苍鹰说麻雀寸光鼠目。如此就形成了一个怪圈。以鸟喻人，都是在说别人，钻进了思想的死胡同。其实我们每个人都在自己思想的死胡同里，很难走出来，这需要我们有勇气面对并打破它。

为了更直观地抵达主旨，让读者有更好的体验感，我决定说说我自己。大学毕业之前，我都晕乎乎的，处于梦游状态。小学到初一，学习成绩一直遥遥领先，初二时对诗歌着了迷，对课本失去了兴趣，满头满脑想的都是诗歌，读诗写诗，还不知疲倦地骑个破自行车去邮局投稿，学业上开始踩西瓜皮——滑到哪里是哪里。直到高考后我才感到大事不妙，我把大量时间用在了诗歌上，学习成绩惨不忍睹，我到底在干什么呢？不知道。是要成为伟大诗人吗？没想过。没有好的学业成绩能上好大学吗？不能。那为什么不努力学习呢？不知道。还记得我前面说到的妻子的表弟吗，一问三不知，我还不如他呢，最起码他还知道学习，而我始终在梦游状态，在诗歌的世界里，天马行空地飞。诗歌之外，我还有一个癖好，就是"相面"，老师往讲台上一站，他讲什么我不是太在意，我通过观察他的言行举止、面相，会快速地帮他预测一下未来会怎么样，事业能走多远。看到年纪很大的老师，除了由衷的敬意以外，我不由得会感到些许伤感——这么大年纪了，说话声音都很小了，还在讲台上拼搏奋斗！我由此想到我自己，不行，我的个性决定我必须要走出不一样的人生。参加工作后，我拒绝单位给我缴纳养老金，这想法就是那时候形成的——我退休后不能依靠养老金生活。我实现了35岁"退休"的目标，在序言里已说过这事，在此就不再赘述了。一些不靠谱、不合常规的想法，可能孕育着巨大的力量，只是当时没有认识到罢了。

　　说几件囧事，找不到北，更找不到自己，兴许可以博读者一乐。

　　上小学的时候，我暗恋一个女孩（这里用CC代称，以免有误会），那女孩声音甜美，笑容迷人，聪颖文静，貌若天仙，我为她魂不守舍，朝思暮想，严重影响了学习。我对小伙伴们说，CC喜欢我，想和我交朋友，小伙伴们都说我吹牛，风声很快传到了CC的耳朵里。那天，CC对我说，你不该那样！我故作镇定，不屑一顾地说："我哪样了?"她说："你吹牛了！"我说："你不要道听途说，谣言不可信，你懂吗?"她说："我不懂，你懂！"我至今没领会她的话是什么意思。后来，她辍学了，我被父母送到城里读中学，与她分别了。一次回家，去她那个村办事，恰巧碰到她，多年不见，我一眼认出了她，她似乎也认出了我，彼此对了几次眼神，没有说话，擦肩而过的瞬间，我看她又胖又矮，这是她吗? 是！怎么变我都认得她，可怎么变丑了呢? CC是谁，我又是谁?

　　初中时，走桃花运。那天房东的亲戚琳娜带着一个高个美女来班级找我，我一头雾水，心里发毛，我低着头跟着这两位大神走到操场边。那是一个阳光明媚的下午，一切都很好，唯独我心情忐忑。她介绍说，这是表姐红艳。我点点头，没说话。红艳倒是开朗大方，也很直接，她说："给你介绍个女朋友可以吗?"我本能地说了句："在哪里?"她调皮地眨眨眼，笑着说："远在天边，近在眼前。"我看了看琳娜，明白咋回事了。我说："别开玩笑。"她立马变了脸色，说："真是无趣的人，白长了一双迷人的大眼睛，拜拜！"我闷着头不说话。回到班里，我和好友说起那事，好友笑道："你小子不识好歹，有美女看上你，是你的福气。"我说："不存在，不存在的事。"又一节课下课，班主任董老师把我喊了出去，不由分说就是一顿狂骂："你母亲在农村劳动，你居然谈恋爱……"莫名其妙，我跟她也不熟，啥事也没有，却被班主任这么骂。我赶紧认错，不认错的话班主任会一直骂，这"怪老头"的脾气我领教过，大得很，同学们私底下喊他"董老怪"。那之后人家再没找我说什么。我究竟是恋爱了还是没恋爱？甚至多年后我都怀疑这事或许就不曾发生过。这到底是咋回事呢？

大一时，我被一个叫J的女孩吸引了，她亭亭玉立，窈窕淑女，君子好逑也，我展开猛攻，写情书、打电话、送礼物……始终没结果，急得我茶饭不思，夜不能寐，整夜整夜沿着操场转圈。班长小余说，那女孩个子太小，脖子太短，不如和她一起玩的某某某漂亮，我那时觉得班长眼光差，脑子也坏了。不管别人怎么说，这丫头彻底把我迷住了，我要继续行动，不追到手誓不罢休。那天我鬼使神差，特别想见她，具体因为啥事我不记得了，一时着急，就站在她们宿舍楼下喊起来，她的名字随即在空中飘荡……她极不情愿地走下来见我，我心里窃喜，很是得意，觉得找到了通向爱情的法宝。几天下来才发现事情闹大了——我往她楼下一站，就会听到整栋楼都在喊她的名字，声音如海浪，一浪一浪把我淹没，尴尬至极……天呐，这是我干的事吗？后来的事就简单了，这丫头情愿或者不情愿已不是重点，被我成功"收编"了才是。稀里糊涂，吊儿郎当，如此鲁莽，如此无脑，是我，根本不知道自己是谁，在干什么。

所以多年后回忆我干的一些事，总感觉可信度极低，或许一切不曾发生过，像是电影里的桥段，又或者是小说里的插曲，总之不大可能与我有关。

时光飞逝，世事恍惚，命途多舛。很少有人像我一样，过了不惑之年，历经坎坷，却依然激情澎湃如少年，说好听点是斗志昂扬，是志存高远，是永远战斗的勇士，是活在未来、活在理想中的奋斗者，不分昼夜，没有尽头；说实在点，我就是一个妥妥的缺心眼儿的人，你想啊，像我这样的人都能通过投资实现财务自由，说明这事不难，难在知道自己是谁。

有时想，我是另一个石破天，终有一天要像石破天一样仰天长啸：我是谁？我到底是谁？

芸芸众生，谁又不是另一个石破天呢？我是谁？我为何而存在？海德格尔说，人类存在的意义在于通过对存在的思考和体验，超越表面的日常生活，发现自己在这个世界中独特位置和责任。我们绝大多数人，都是随波逐流晕乎乎地走过一生，来不及思考自己是谁，来世间干嘛。这正好对应了绝大多数人炒股亏损的现实，我们对股票的熟悉其实只在表面。是时候做出改变了，朋友们，从今天起，做一个勤于思考的人，重新认识自己，关心身边的人和事，尝试着触摸时代的脉搏和始终变化着的世界。

人这一辈子，活的就是认知。我们投资人追求财富，而财富说到底是认知的变现，那么解决认知难题则是必修课。你永远赚不到超越自己认知的财富，即使靠运气赚到了，也守不住。若能参透这一点，就打开了人生觉醒的大门。这个世界上，没有所谓的救世主，真正的救世主只有自己。从今天起，记住一句送给自己的话：获得财富，从认识自己开始。

回到开篇的灵魂拷问：我是谁？我要成为怎样的人？我希望通过投资达到什么样的生活状态？为了达到这个目标我应该怎么做？可谓开篇即巅峰，我们每个人都要交出自己的答卷。

二 谁的意志左右了我

我们是如何决策买卖股票的呢？朋友买了某股票赚大钱了，我也要买。办公司的小刘买的某股票三个涨停了，眼红的我偷偷摸摸买进去。老婆说谁谁老公炒股票赚了两套房，真是天才老公，咋整？咱自视才高八斗不能甘心做愚蠢老公吧，没二话，买股票，即使赚不到两套房赚一套也行啊。某知名股评人士说了，牛市不言顶，看好七大行业，还点名了各行业代表品种，那敢情好，咱是聪明人，赶紧进场抢钱，把知名股评人士看好的代表品种都买进了，少买一支就错过一座金矿。某权威经济学家说了，沪指万点不是梦，首席经济学家是大才，是经济学博士，是留洋归来的天之骄子，那还犹豫什么，赶紧冲进股市，发大财啊。还有的在饭局上或其他途径碰到某某"股神""投资高手"，加了微信，说，以后买卖股票提前说一声！妈呀，说这话不是脑子不好吗?！还有更离谱的，找这个分析找那个分析，说，你只要告诉我哪里是买点、哪里是卖点就可以了。可笑至极，还有比这更荒唐的吗？非要挑战上帝都回答不了的问题。

最普遍的是各种炒股交流群消息满天飞，讲得神乎其神，北京方面的消息，南京方面的消息，天津方面的消息，上海方面的消息，广东方面的消息，深圳方面的消息，董事长绝密消息，董秘私享内幕一手信息，董事长小姨子的妹婿坐庄，背后金主资金实力强、背景强大……看看，都是狠角色，说翻一倍都羞于启齿，都说得跟真的似的，有鼻子有眼，动辄三五倍起步，且有逻辑步骤，第一步市值突破多少亿，第二步市值突破多少亿，第三步市值突破多少亿……总之你若不参与或参与晚了就要后悔几十年甚至一辈子。你别觉得搞笑，还真有很多人往里冲，有的甚至押上全部家当。至于结果怎样，不是本节讨论的。

接着说买股票的事。没有内幕消息，没有他人推荐，也没有咨询别人，买入是因为股票涨了，赶紧冲进去捡钱。比较恼火的是，某股票上涨之前就判断它要涨，却怕跌没敢买，第二天一看涨停了，第三天又涨停了，那个后悔啊，买不进去了，第四天你想着若回调就买进去，结果没给你机会，再次巨单封死涨停，第五天你决定不再等待了，不顾一切开盘前挂涨停价排队，期待奇迹发生，终于盘中某个时刻成交了，你兴奋不已，幻想着还会有多少个涨停，很不幸，突然放巨量开板，紧接着来回几个拉锯，然后就掉头一路向下了……

太难了，一入股市深似海。呼啸而来呼啸而去，从国际政治经济军事风云变幻，到国内宏观中观微观，再到天灾人祸、时代变迁、产业变局、技术革命……要关注的东西太多太多。有人说做股民苦，其实各国股市都一样，外国股民也不会比中国股民幸福感高。这里就说说美国股市，他们早期也是追涨杀跌，其实现在依然在追涨杀跌，只是随着美国养老基金、保险基金，一些国家主权财富基金等大量长期投资资金占比的提高以及基础制度的变革，波动有所降低，走出了长牛慢牛，但短期波动依然巨大，30%～50%的回调每过几年就能看到一次，大多数散户依然无法摆脱亏损的命运。看到这，肯定有读者说不对呀，他们有那么多投资大师，可以抄作业呀。事实上的确有作业可以抄，因为基金产品需要定期公布业绩报告，重仓股一目了然。因为大师们的影响力，抄作业者必然不在少数。问题是，抄作业就能稳赚不赔吗？才华横溢、大名鼎鼎的菲利普·费雪大师影响力不可谓不大，被誉为现代投资理论的开路先锋之一，成长股投资策略之父，教父级的投资大师，华尔街极受尊重和推崇的投资家之一，全球公认的股神巴菲特对他亦是推崇有加。他的代表作《怎样选择成长股》畅销全球，至今仍是全球最畅销的投资书之一。这么一位天才选手在市场面前照样"挨揍"。1929 年大危机来临之前，美股仍然不断上涨，菲利普·费雪预见到了危机的临近，他评估美国经济的前景时，认为许多产业出现供需问题，前景相当不稳。1929 年

8月，他向银行高级主管提交一份"25年来最严重的大空头市场将展开"的报告，这可以说是他一生中最令人赞叹的股市预测。但这位"华尔街的先知"未能做到言行一致，他看空做多，抱着侥幸的心理买入了一些低市盈率的股票，认为那些股票还要涨。他说："我免不了被股市的魅力所惑。于是我到处寻找一些还算便宜的股票，以及值得投资的对象，因为它们还没涨到位。"他买入了一家火车头公司，一家广告看板公司，一家出租汽车公司。美股大崩溃终究还是来了，他买入的几只股票也未能幸免，全部暴跌。那些在大危机前抄他作业的投资者，命运可想而知。当时，名气更大的另一位费雪——欧文·费雪更惨，作为耶鲁大学教授，有重要影响力的经济学家和投资家，他因技术发明和出色的股票投资业绩成为历史上最富有的经济学家，不幸的是，最终因投资失败陷入困境，他在1929年股市崩盘的过程中财富归零，负债累累，直到去世也没能还清债务。我说这些事无意批评两位费雪，而是让大家明白股海汹涌，深处其中的人很难把控情绪。这场大危机让众多投资名家遭遇滑铁卢，就连价值投资开山鼻祖、一代宗师格雷厄姆在那场大危机中也差点破产。

1929年的这场大危机对格雷厄姆打击巨大，一代宗师从此心灰意冷，决意离开华尔街。我们回顾一下到底发生了什么，1929年10月29日，股市开始崩溃，短短几周内道琼斯指数从381点跌到198点。经过几个月的暴跌后，股市开始反弹，到1930年3月，一度反弹到286点。格雷厄姆经过严密的分析，认为很多股票已经足够便宜，市场反弹力度很大，格雷厄姆认为反转的时机已到，开始加大杠杆抄底。很遗憾，市场没有向格雷厄姆预期的方向发展，而是掉头向下，又下跌了33%，格雷厄姆管理的基金浮亏高达50%。然而，下跌还没有结束。道琼斯指数稍作挣扎后继续下跌，到1932年7月跌到41点才见底，从最高点381点算起，最大跌幅高达89%！同期格雷厄姆管理的基金亏损高达78%，损失惨重，到了破产的边缘，之后不得不靠教书、写作等维持生计。屋漏偏逢连夜雨，他的婚姻亮起了红灯……教训太惨痛太深刻了——投资上的重大失败带来的打击远不止财富毁灭！接连的打击让格雷厄姆心灰意冷，情绪跌入低谷。好在又一个意外发生了，好的意外——他的的合伙人纽曼的岳父是富豪，愿意出手相助。有了及时雨，他的基金得以继续运营。后来他的心血之作《证券分析》热销，大赚特赚，一代宗师满血复活，王者归来！但是你要知道，大师能归来，普通投资者很难，因为普通人很难找到富豪"岳父"，至于写出畅销书，可能性几乎等于零。

　　说到美股，不得不说杰西·利弗莫尔，他是资本市场永远绕不开的神，也是巴菲特之前美国资本市场最大的神，被《纽约时报》评为"百年美股第一人"。如果你看过畅销书《股票作手回忆录》，你可能已经知道，书里的主要人物就是他。利弗莫尔的投资生涯跌宕起伏，大喜大悲。1877年7月26日出生于美国马萨诸塞州，1891年，14岁的利弗莫尔以张贴股票报价谋生，后开始做全职投资客，通过自己的精准判断，赚取了巨额财富。1901年，利弗莫尔第一次赚到了大钱，他投资北太平洋铁路公司的股票，资产从10000美元增至50000美元。1908年，他听信朋友泰迪·普莱斯的话，做多棉花期货，但后者却悄悄做空，利弗莫尔由此破产，但后来他又挽回了所有的损失。1915年，利弗莫尔再次申请破产。1929年，利弗莫尔在事业巅峰时期，成立了千万美元级的杰西·利弗莫尔家族信托基金。1934年，他再一次申请破产。利弗莫尔曾经9天赚了1亿美元，那年美国财政收入仅40.3亿美元，这战绩已无法用任何词语来形容。但终因判断失误，持续加杠杆，巨亏爆仓，一生的战绩顷刻间被抹去，且背上巨额债务。利弗莫尔回天无力，万念俱灰，1940年11月28日下午，在纽约曼哈顿的雪莉-尼德兰酒店的衣帽间用柯尔特自动手枪为自己的生命画上了悲怆的句号。而那个酒店，恰是利弗莫尔生前经常喝鸡尾酒的地方，是不是很讽刺？或是有别的暗示？作为那个时代资本市场最具影响力的人物，跟随者众多，人们热衷于互相打探利弗莫尔又买了什么。那些跟随他的投资者们，又该拿什么拯救滑入深渊的生命呢？

　　也许有读者会说，抄两位费雪的作业不安全，抄格雷厄姆的作业可能巨亏，抄利弗莫尔的作业有自杀风险，那抄巴菲特的作业总该稳当吧！老巴11岁就炒股了，在资本市场风风雨雨几十年屹立不倒，资产实现了爆炸式增长，跻身全球富豪榜前列，甚至一度是全球首富，跟随老巴照葫芦画瓢总可以吧？答案依然是否定的，抄老巴作业照样亏，为啥？君不见，每当老巴业绩表现较差的时候，总有人站出来嚷嚷着教老巴炒股，嘲讽老巴的那些投资经早该扔进垃圾桶……读者朋友可能不知道，因业绩持续落后，1999年，著名投资刊物《巴伦周刊》将巴菲特照片印在封面上，并配上大标题：沃伦，你怎么了？说明啥，老巴被抛弃了呗。相反，当大家再次看到老巴风光无限，业绩遥遥领先时，纷纷抄作业跟进，结局往往很不幸，大跌来得太突然……读到这，读者朋友纳闷了，跟大师也不行，炒股没活路了吗？当然不是。不是大师不行，不是股市不行，也不是股票不行，那到底谁不行？我在此先不回答。读完此书，各位心里自会有答案。我这人是慢性子，写书也是慢性子，一步步来，别急嘛。

刚刚说了老巴，我就说一个和老巴有关的触及投资本质的事。Airbnb的CEO布莱恩·切斯基和亚马逊的CEO杰夫·贝佐斯经常在沟通中谈起巴菲特先生。在聊到巴菲特时，切斯基问贝佐斯："你觉得巴菲特给过你的最好建议是什么？"贝佐斯回答："有一次我问巴菲特，你的投资理念非常简单，为什么大家不直接复制你的做法呢？"巴菲特当时就说了一句："因为没有人愿意慢慢地变富。"看来大家来到股市那是要火急火燎地赚大钱呢。

说两个我身边的幸运儿。说他们幸运，不是说他们来股市擒了牛股赚了大钱，而是他们成功躲过了A股2015年那次大回调，那是让好多投资大牛粉身碎骨的一次经历，况小散乎！

朋友阿成是老朋友了，隔三差五我们都要聚一聚。他做贸易，主要是酒和食用油生意，生意不大，但很稳定，生活幸福，家庭和谐美满。认识多年从没听他说过有炒股的想法，我也不曾劝他炒股。所以在我的印象里阿成是一个成熟稳重的人，事业、家庭都稳稳地向前。那天下午他给我打电话说晚上聚聚喝两杯，要跟我沟通个事，具体见面谈。我欣然应允。因为我时间宽裕，除了炒股、吃饭、睡觉、偶尔写诗，基本没别的事，所以好兄弟请我喝酒我一般不会拒绝。

晚上见到急匆匆赶来的阿成，他面色凝重，我预感有大事。我俩知根知底彼此都不客气，阿成带了一瓶白酒，是他代理的酒，点了几个平时爱吃的小菜，我们边吃边聊。他果然有事，非同寻常。阿成说最近大家都在谈股票，都说炒股赚了多少多少钱，买了就能赚，批评他太保守，跟不上时代潮流，电商都进化好几轮了，他这传统生意要被淘汰了。我说不管电商还是传统贸易，也不论B to B还是B to C，都是需要的，说到底活还是需要人去干，所以不用担心被淘汰。他说："不是淘汰的事，是股市，炒股的都赚钱了，你看我要不要投个100万元？股票户头我已经开好了，你看看能不能买，你说能买我就打进去100万元，炒股方面我只信你。"我说不能，目前这个位置（当时是2015年，上证指数刚突破4000点）风险巨大。他一脸疑惑地看着我，问："不是说大牛市吗？"我说："是大牛市，而且在牛市途中，的确大多数人都赚钱了，部分人赚了很多倍，我也赚了十几倍了。"他说："那为啥不能炒？"我说："我现在考虑的是逃跑，随时准备撤离，因为太疯狂了，一旦激情耗尽上攻乏力，指数必然掉头狂泻，你可以观察一下，那些笑话你太保守的人，很快就会成为被笑话的对象，而且哭天喊地，一个也逃不掉——不仅利润返回去，本金也会深度套牢。"果然应验，没过多久，阿成来电说那帮炒股的朋友都极度焦虑，感谢我让他躲过一劫，特意跑来请我喝酒。从表情看，他虽然没参与炒股，但心有余悸，大概是吓得不轻。他问："走掉了吗？"我说："走掉了，分三次清仓了，我看苗头不对立马卸掉杠杆，第二天看看反弹动能微弱，减仓二分之一，第三天看看回天乏力，清掉剩余所有股票。"那次调整太可怕了。后来还有了熔断，2.0版，3.0版……直到今天，阿成还在感谢我，还到处传播我的名言：股市不是一般人玩的，对于很多人来说是毁灭财富的地方。当有人问他是谁说的，他说是"中国股神"说的。

开淘宝店的桃姐也是幸运的，她开淘宝店卖各种零食，规模做得很大，有好几个大仓库。由于我专职投资后时间自由，没事就在小区转悠散步，看到桃姐门前热闹，我就停下来看看，因为不认识，都没有说话。几次以后，我大体明白咋回事了，就问了句："你们是开淘宝店的吧？"一个正忙得不可开交的小美女应了句"是的"。一位微胖的女子走过来，面容很有福相，我估摸着她是老板。她言谈举止落落大方，颇具亲和力，说："你是小区业主吧，做什么工作的，时间这么自由，我看到你几次了。"我说刚搬过来不久，炒股赚了钱买了这里的别墅。她立马瞪大了眼睛，说膜拜膜拜！从那次开始，我们就算认识了。我得知她儿子和我儿子小名同名，她还说让我爱人拜她为师学开淘宝店，当然这些都不是本书交代的重点，我就不啰嗦了。桃姐也被2015年大牛市给震撼到了，说干啥都不如炒股赚钱快，每天听到的都是谁谁谁赚了多少。她匆忙去证券公司开了户，之后几天马不停蹄筹集180万元资金，准备杀入股市，由于太慌张把资金打到了另一张银行卡上，她当时并不知道。作为新股民，她也不知道哪里出错了，登录股票账户银证转账每次都显示失败。桃姐急得像热锅上的蚂蚁团团转，股票代码攥在手里干着急没用，她一遍遍按照券商客服提示的流程操作，一遍遍失败，弄得券商客服也是一头雾水，不知所措。跑到银行查账户，180万元赫然在列，晕死！桃姐生意太忙，只好先把这事放下来。几番折腾终于明白哪里出了岔子——此银行卡非彼银行卡（关联证券账号）。但短短几天时间，此时的桃姐已不是彼时的桃姐了，她已无心投资股市，她看到股指狂泻不止，吓得魂飞魄散，她庆幸自己打错了银行卡，鬼使神差躲过了一劫。桃姐问我："你说这股还能炒吗，大股神？"我说："不能炒，股市对大多数人来说是毁灭财富的地方，除非你能真正理解股市。"桃姐说："理解不了，你买啥跟我说一声……"

那么，我们是如何决定卖股票的呢？每次都是满怀期待买入等待上涨，结果却是五花八门：买入后涨了，很开心，落袋为安，卖出赚了500元，美滋滋；忙完手头工作打开行情软件一看，傻眼了，大涨8个百分点，那个后悔啊，不卖的话可以多赚很多；当即预判很快会涨停，赶紧重新买入，且资金量加倍，把错过的利润一块捞回来。然而期望大失望更大，收盘前30分钟股价开始逐级而下，最后几分钟更是飞流直下，跳崖式下跌，完了完了，最可气的是T+1，当天没法卖，只等明天开盘割肉剁手……一遍一遍周而复始重复着追涨杀跌的命运，死不悔改。

如果仔细反思，大多数时候卖出股票是被吓的，越想越害怕，仓皇而逃。有些事件看起来像是世界末日来临，人们第一反应是卖出股票。我们国家的股市历史短，这里谈谈美股遭遇的危机事件。比如1962年古巴导弹危机、1963年肯尼迪遇刺、1970年美国经济大衰退、1973年第一次石油危机、1980年第二次石油危机、1987年黑色星期一、2000年科网股泡沫破裂、2001年"9·11"事件、2008年次贷危机、2020年新冠病毒肺炎疫情……股指都会出现巨大的震荡，市场呼啸如刀，投资者慌不择路，发出内心的呼喊——还我钱来，我不玩了！

买与卖都不由自己决定，那是由谁决定的呢？很显然，市场情绪左右了投资者。苏格拉底说，想左右天下的人需先能左右自己。我们要学会掌控自己的情绪。

王小波说："人一切的痛苦，本质上都是对自己无能的愤怒。而自律，恰恰是解决人生痛苦的根本途径。"

细细想来，投资又何尝不是如此。管不住自己是很多投资者在频繁交易时，发自内心的折磨。但是，我们为什么控制不住自己呢？

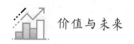
三 自信满满入场，挥之不去的反复亏损：
战胜市场的信心来自何处

来这里参与交易，其实早有耳闻股市里绝大多数人最终是亏钱的，我们依然要来参与这场游戏，显然是认为自己会是幸运儿，会站在能赚到钱的投资者行列。苏格拉底说，真正的智慧就是知道自己不够聪明。现实中恰恰相反，我们都认为自己很聪明。如果认为自己是亏钱的那拨人，谁还会来这里呢？钱太多来这里做贡献吗？大家都是来赚钱的，都相信自己比别人强，可以买在低点卖在高点，即传说中的低买高卖，还嘲笑亏钱的人太愚蠢了，高买低卖无脑太傻。殊不知，被我们嘲笑的人恰恰是我们自己。

投机之王利弗莫尔说，投机者会变，股票会变，但华尔街永不改变，因为人性永不改变。既然人性不变，那么股市上最终的结果"一赚二平七亏"也不会变。问题来了，为什么炒股的人还是越来越多？因为想赚快钱，因为每个人都认为自己比别人聪明，会快人一步，不会是亏钱的那个倒霉蛋。从行为学的角度看，大多数人陷入了对自己过度自信的漩涡。

若时运眷顾赶上一波牛市，人们往往把一时的盈利归功于自己的判断。真相是什么呢？水一涨，所有的船都会跟着浮起来。在市场的某些时候，用飞镖随便扔一只股票都能赚钱，慌里慌张的新股民输错代码反而赚得更多。

股价下行初期，我们习惯将之归因于市场太弱以寻求心理安慰。熊市正式降临，股价连续下挫，在一连串失败的打击下，我们脆弱的心理暴露无遗，割肉割肉割肉……我们怨这骂那，痛恨机构不作为，大骂庄家吃肉不吐骨头，反正就是不骂自己。

我们不遗余力不分时间马不停蹄地努力只为寻找下一只涨停股，即使在大盘暴跌之中还在幻想自己的股票能够逆势上扬，总之一直涨才能迎合我们的心理诉求，于是我们倾向于赞同甚至主动寻找能够支持自己观点的信息，对不同观点选择视而不见，甚至诋毁、嘲讽、谩骂。

　　当我们在一只股票上下了很大精力研究，就会更加自信，更加听不进不同意见，或者干脆忽略其他声音，我们所做的只剩下不断强化自己认为的"我懂"，其他人都是菜鸟。事实上，我们穷尽一生可能都无法抵达真理。我们的确可以通过分析各种信息、建立各种模型、长期深入地思考、不知疲倦地调研，帮助我们接近真理。但是，更多的时候，我们很容易不知不觉中犯以偏概全、一叶障目不见泰山的错误，从而导致无法挽回的大溃败。

　　股市真是个奇妙的存在，它可以轻而易举激起人类的贪念，也会顷刻间让恐惧笼罩一切，让上一秒还欢呼雀跃过度自信的群体下一秒变成完全不自信的群体，从一个错误走向另一个错误。

　　要正确认识事物或者正确认识自己，都太难了。就像我前面说的，我是谁，我究竟是谁。我们通过一生的努力依然做不到正确看待这个世界，也做不到正确看待自己，我们只能努力去做到尽可能接近正确或相对正确。

　　换一个角度看，你会发现，正是由于我们对未来过度自信，相信下一次、下下一次能赚钱，使我们可以无视亏损继续交易，股市才能始终存在。

　　看到这，很多小伙伴可能会悲观起来，这还努力什么呀！其实完全没必要悲观，股市上的事，我们虽然无法做到绝对精确衡量，但也无须精确衡量。模糊的正确大于精确的错误，我们只需要做到视角客观，且做到恰当的自信，就足以应对。冷静下来看，股市也没有那么残忍，还是给了我们足够的犯错空间。具体如何认识并利用这个空间走出阴霾，之后的章节会探讨。

　　回到主题，我们战胜市场的信心从哪里来？来自我们的无知无畏，来自我们渴望赚钱动机下对风险的无视。

为深入探讨这一话题，我虽不情愿却又不得不谈一个话题：人类的劣根性。比如自己的孩子说话早几天，就觉得孩子是天才；自己的孩子能从一数到十了，就觉得将来是"学霸"；自己的孩子鹦鹉学舌会说几个英文单词，就觉得孩子是读剑桥或哈佛的料……直到现实的耳光啪啪啪打个没完，才低下高傲的头接受孩子只是普通人的事实。我们习惯于高估自己的孩子低估别人的孩子，高估自己低估甚至贬低别人，人性的丑陋在股市展露无遗。我们把自己的成功归结为实力，把失利归咎于外在的各种原因，而别人的成功永远是运气、环境或其他因素。

对此，18世纪英国诗人爱德华·杨讽刺道："每个人都相信人终有一死，除了他自己。"

在股票投资领域，过度自信绝不是什么好事。

诺贝尔经济学奖获得者丹尼尔·卡尼曼指出，过度自信的倾向在投资者中表现得尤为强烈。过度自信会导致投资者频繁交易。

说几个我身边的事。我能从3万元本金一路摸爬滚打做到财务自由，怎么着也该有两把刷子吧，那么，最简单的逻辑，我身边炒股多年重复着"被套—解套—再被套"旋律的亲朋好友们是不是应把资金交给我打理？很遗憾，没有。他们依然固执地重复着"昨天的故事"。这就怪了，为什么会这样？他们认为自己行，别人能炒股赚钱，他当然可以。

慢慢我就明白了，端起酒杯喊股神的人，内心是另外一种认知：什么股神，不就是底部买入高位侥幸逃顶的暴发户吗？不就是运气好吗？不就是胆子大吗？

最可惜的就是涛哥了，最近一轮大牛市启动前，好友阿陆喊我们几个朋友喝酒，请我们为一个项目的销售出谋划策。席间我谈到了股市各种信号都指向牛市，赚个三五倍很容易，要赶快入市。当时我们都没什么钱，只有涛哥手头宽裕，他是"富二代"，有200万元闲置资金可投资，第二天就全仓买入了，没几天就大涨了。那天我在九寨沟旅游，这边晴好，那边大雪纷飞，九寨沟的奇特让我心旷神怡，诗情飞舞，一首小诗《天堂在哪里》飘然而至。突然涛哥来电问股票大涨要不要卖，弄得我很不爽，我说"你若害怕就卖一部分"。结果没过一个小时他又来电问股票又涨了要不要继续卖，我说"你想卖就卖吧"！结果他全卖了。没过多久电话又响了，还是涛哥，说："涨停了怎么办？"我说："卖完了不就结束了吗？"说完我就把他电话拉黑了，微信删除了。这种眼里只有股票，时刻盯着分时走势图的人让我很不舒服。炒股如作诗，作诗的功夫在诗外，炒股的功夫在股外。

后来好友阿成问我为啥把涛哥拉黑了，说涛哥很生气，他讲他没说什么，就打了几个电话。我说他影响了我的心情，搅乱了我的情绪，拉黑纯属无奈，不然以后别想消停。道不同不相为谋，何必苛求呢?!

那轮大牛市我赚了很多倍。后来听阿成说涛哥没赚到钱，把开始赚的十几万元又亏掉了。

自那以后我长了记性，荐股没朋友，推荐股票害人害己，因为绝大部分炒股的人都是看图看线的人，情绪极不稳定，一会儿亢奋一会儿沮丧，一会儿咧嘴大笑一会儿仰天长叹。什么 KDJ，什么 MACD，什么金叉银叉，整得挺玄乎挺忙碌，也没听说谁如此炒股发大财的。我并非认为这种方法一定不行，最起码它违背了生活的意义，也不符合企业成长的规律，是一种扭曲的价值观。

老贺的炒股生涯可以拍成微电影，绝对精彩。一直不温不火的他，突然间就爆发了，他稀里糊涂把 200 万元炒到 1000 多万元，更牛的是，不到一个月就跌掉 90%，之后他使出浑身解数也没能再创造奇迹。老贺不服，选准股票卖掉房子拿到几百万元资金一次性打光，准备打一场翻身仗。怎奈天不遂人愿，不到一年赔个底朝天。老贺从此一蹶不振，郁郁寡欢，严重失眠，看遍有名望的专家也无济于事，三十几岁头发几乎全白。偶有朋友谈到老贺的失眠，我说他的失眠医生治不了，除非股市把他亏的钱涨回来。

读到这肯定有读者怪我，你这么牛为什么不帮帮老贺？真是错怪我了。老贺曾为炒股的事专门请我吃饭，闭门谈了几个小时，天地良心，我是知无不言，有问必答，毫无保留。但老贺对我的评价并不高，他跟一个朋友说我名不副实，只是运气好胆子大，这话传到我耳朵里我并不生气，因为那次吃饭的时候我就感觉到了他的不服气，仿佛炒股这事没有他不知道的。好在老贺运气好，找了个好老婆，不哭不闹还安慰他。

强哥就没那么好的福气了。强哥江湖阅历丰富，他在股市开始挥舞拳脚的时候我还不知股市为何物，所以说炒股方面，强哥是前辈。他炒股二十多年总体收益还不错，但美中不足的是始终停留在小打小闹层面。可能是不甘被后来者超越，或者急于证明自己才是炒股高手，强哥一口气卖掉两套房子携1000多万元本金重仓杀入股市，准备大干一番。强哥说，他当年看好的股票涨二十倍以上的有好多只，个别涨了七八十倍甚至一百多倍，可惜没拿住，这次只要涨十倍就能实现"小目标"。大约两年后我在一个活动上见到强嫂，问起股票的事，强嫂脸上的温柔一下子就没有了：自以为是，把家底都亏掉了……我为强哥的婚姻捏一把汗。说来也怪，强哥二十多年炒股怎么说也赚了几十万元，比上不足比下有余，本金增多盈利也应该同比例放大呀！可股市的逻辑不是这样的，资金大小反映的心态差别巨大，格局不够罩不住。俗话说得好，有多大屁股，穿多大裤衩，当你能耐不大裤衩大的时候，最应该注意的是别嘚瑟，不然裤衩容易掉，并不是你穿了大裤衩屁股就能长大。

最悲催的是老吴，我尊称他老吴是因为他资格老，他的股龄跟中国股市的年龄差不多，我在他面前是股坛小字辈。那悲催从何来？他的五只股票有三只退市，背到家了，灰飞烟灭。老吴是美食家，经营几家餐馆，还有一家茶厂，若不是掉进股市的坑里，妥妥的人生赢家。我跟阿成经常去老吴太阳宫那个餐馆喝茶品酒打牌吹牛，也偶尔谈诗，尽量避开股市，以免刺激到老吴被股市刺痛的心。

近几年曾流行一个玩笑。十大败家行为：卖房创业、卖房炒股、炒股、创业、吸毒、炒期货、赌博、买理财及P2P、养宠物、淘宝；十大兴家行为：北京买房、上海买房、深圳买房、广州买房、南京买房、杭州买房、厦门买房、天津买房、武汉买房、郑州买房。

虽说是玩笑，似乎又蕴含着些许道理。你对照身边人的情况，还真是那么回事。买房的与炒股的，真的是财富的两种走向。这或许就是一个时代的缩影吧！

有读者可能会问，你怎么尽说些亏钱的，难道没有赚钱的吗？有，当然有，可赚的钱还没捂热又还给市场了。

有人说，如果打牌开始半小时后，你还不知道谁是菜鸟，那对不起，你就是那个被收割的菜鸟。遗憾的是，我们浑然不觉自己是那个菜鸟，反复被割韭菜，却依然相信下一次会行。

投资其实也很简单，看对大势，看对企业，耐得住寂寞，忍得住下跌。任何一个工作都不可能轻松赚到钱，投资考验精力、毅力，更考验人性。投资需要付出宝贵的青春岁月和无尽的努力，要不断为自己鼓掌加油，欣赏自己孤单的背影，告诉自己：我愿意！

亏钱不可怕，也不可耻，可怕的是亏了钱死不反省，可耻的是把亏钱的责任推给别人。

好吧，千头万绪首先要对自己开刀。我要带领大家进行自我解剖，扒开所有的虚伪和自我封闭，从而走上长期可持续盈利的阳光大道。

第**2**章 股市、奇妙的股市

一 没有尽头的探索之旅——来了，再也离不开

前面啰哩啰嗦讲了那么多，直到这才扯到股市大门口。

我说它奇妙是发自肺腑的，行情呼啸而来呼啸而去，仿佛有着无穷的魅力。来了，很少有人还能离开，一炒就是一辈子，故而股市的人越来越多。如果让我给股市打一句广告语，那就是：来了，再也离不开。

股市的秘密究竟是什么？这个问题没有明确的答案，有人说永远不会有答案，股神巴菲特追求的也只是模糊的答案，好在人们对股市的探索从未停止。我们股民炒股犹如盲人摸象，无论如何努力也只能接近真相，注定是一个探索的过程。

有个不知天高地厚叫东东哥的家伙也在探索，据说已经找到了答案，是真是假，读完此书就清楚了。

我们一起看看成就卓著的大师们的探索之旅。

投资大师彼得·林奇的探索对于立志以投资股票为生的投资者很有启发意义。11岁的他在高尔夫球场找了份球童的工作。这份工作应该说是最理想不过了，球童工作一个下午比报童工作一周挣得还多。更重要的价值在于，高尔夫球场一直是风云人物、名流富商的聚集之地，与其

他球童不同的是，彼得·林奇不仅捡球，还注意学习。从高尔夫俱乐部的球员口中，他接受了股票市场的早期教育，知道了不同的投资观点。彼得·林奇跟随球手打完一轮球，就相当于上了一堂关于股票问题的免费教育课。就这样边工作边读书，彼得·林奇读完了中学，顺利考入波士顿学院。即使在波士顿学院学习期间，彼得·林奇也未放弃球童的工作，他还因此获得了弗朗西斯·维梅特球童奖学金。球童工作对彼得·林奇意义重大，那是他股票研究的起点，他想找出其中的"秘密"，成为像高尔夫球场的客户一样成功的人物。于是，他有目的地专门研究与股票投资有关的学科。除了必修课外，他没有选修更多的有关自然科学、数学和财会等课程，而是重点专修社会科学，如历史学、心理学、政治学。此外，他还学习了玄学、认识论、逻辑、宗教和古希腊哲学。彼得·林奇认为历史和哲学在投资决策时显然比统计学和数学更有用。因为有兼职收入和奖学金做坚强后盾，大二的时候，彼得·林奇已经有了一笔不小的收入，他决定用这笔积蓄进行股票投资，小试牛刀。他从积蓄中拿出1250美元投资了飞虎航空公司的股票，当时他买入的价格是每股7美元。后来，这只股票因太平洋沿岸国家空中运输的发展而暴升。随着这只股票的不断上涨，彼得·林奇逐渐抛出手中的股票来收回资金，靠着这笔资金，他读完了大学、研究生。暑假期间，彼得·林奇来到当时世界最大的投资基金管理公司——富达投资集团做暑假实习生，能在这样的公司实习，是一个非常难得的机会。这份工作不仅使彼得·林奇打破了对股票分析行业的神秘感，也让他对书本上的理论产生了怀疑，教授们的理论在真正的市场中几乎全线崩溃，这个发现促使彼得·林奇特别注重实际调研的作用。1990年，彼得·林奇管理麦哲伦基金已经13年了，就在这短短的13年，彼得·林奇悄无声息地创造了一个奇迹和神话——投资业绩名列第一，13年的年均回报率达29%，同样不可思议的是，彼得·林奇13年间买过15000只股票……

彼得·林奇找到股市的秘密了吗？反正我感觉一头雾水，单就平均每年买1150多只、每天（交易日）买4～5只股票这事就让我头大无比。

别急，彼得·林奇确有不少有价值的探索，并结集成书，后面有机会再介绍。

索罗斯是另一种风格的投资大师，创建了自己的投资哲学和理论体系，他的投资有鲜明的投机色彩。1944年，索罗斯全家开始了逃亡生涯。那是一段充满危险和痛苦的岁月，靠着父亲的精明和坚强，凭借假身份证和好心人提供的庇护，他们一家终于躲过了那场劫难。后来索罗斯说，1944年是他生活中最快乐的一段时光，他从生死危难中学会了生存的技巧，这其中的两条经验对他此后的投机生涯很有帮助，第一是不要害怕冒险，第二是冒险时不要押上全部家当。之后通过不断学习、研究和实践，索罗斯摸索出了独特的投资策略及理论：以"反射性"和"大起大落理论"为理论基础，在市场转折处进出，利用"羊群效应"逆市主动操控市场进行市场投机。他看重的是市场趋势，投资于不稳定状态。市场不稳定状态就是指当市场参与者的预期与客观事实之间的偏差达到极端状态，反作用力使市场自我推进到一定程度后，难以维持和自我修正，使市场的不平衡发展到相当严重程度。索罗斯是大师级的金融理论家，他总是静若止水，心气平和，既不纵情狂笑，也不愁眉紧锁，他拥有参与投机游戏的独特方法，拥有认识金融市场所必须的特殊风格，具有独特的洞察市场的能力。而使其成功的首要秘诀，则是他独特的经历铸就的哲学观。索罗斯从全新的角度为我们打开了投资的秘密之门，内容更加丰富，如货币、股票、杠杆，等等。

股神巴菲特的投资经。巴菲特9岁那年的冬天，他和姐姐在户外的院子里玩雪。小巴菲特用手接雪花，一开始是一次一片，接着他把这些少量的积雪铲到一块，堆成一个雪球。雪球变大之后，小巴菲特把它放到地上，慢慢地滚动，他每推动一次，雪球就会沾上更多的雪。小巴菲特推着雪球滚过草坪，雪上加雪。很快，小巴菲特的雪球已经相当大了。他把雪球滚到院子边上，犹豫片刻之后，他继续向前，滚动雪球穿过附近的街区。他的眼光投向白雪皑皑的整个世界。

巴菲特认为，投资就像是滚雪球，最重要的是发现很厚的雪和很长的坡。11岁那年，巴菲特开始了自己的炒股生涯，他拿姐姐和自己攒下的钱去买了股票，结果没过多久股价就下跌，这让他感到很害怕和担忧，再加上姐姐老是催他还钱，等到股价涨回并有了些许盈利后，巴菲特就匆匆忙忙地抛掉，没想到几个月后股价竟然翻了五倍多！巴菲特认为自己这次虽然赚了点小钱，但可真是一次失败的交易，给他留下了非常深刻的教训：股票买入的成本并不重要，重要的是这只股票的成长空间有多大；短期的波动和小利不重要，重要的是长期收益，一旦买入，长期持有；不借钱买股票。

大学期间，巴菲特结识了戴维·多德和本杰明·格雷厄姆，学到了他认为最重要也最宝贵的东西——价值投资，用五毛钱买一块钱的东西。遇到查理·芒格后，巴菲特学会了用合适的价格买真正优秀公司的股票，不再一味执着寻找便宜货，实现了投资境界的升华，用他自己的话说就是真正从猿变成了人。

但巴菲特的投资并非一帆风顺，1965年他买下伯克希尔就是一大败笔。他一步步分批吃进它的股票，成了控股股东。在时间的冲刷下，纺织工业迎来了衰退期，伯克希尔渐渐变成了拖累巴菲特投资的一个累赘。面对困难，巴菲特没有退缩，而是通过一系列运作化腐朽为神奇，把纺织厂变成了一家投资公司。

伯克希尔后来怎么样了？这么说吧，优秀到不需要做任何介绍。老巴说："在别人恐惧的时候贪婪，在别人贪婪的时候恐惧。"我想，如果非要用一句话概括出股市的秘密，这句话可能是最接近那个秘密的。

股市的秘密找到了吗？在找。太多的人都在为此探索着。三位大师的理论都对，又各有局限。也许有人会问，为什么只介绍这三位？这三位具有独特的风格，且成就斐然。本来想介绍利弗莫尔的探索之旅，但由于之前已经有所介绍，且利弗莫尔本人结局太过凄惨，就罢了。

毫不夸张地说，我就是一台不知疲倦的学习机器，只要有一定成就且有点名气的投资人，不论中外，他们的投资理论我都如数家珍，稍微有点知名度的投资书我都读过，有的甚至反复读过。

会有人探索出绝对精确的投资理论吗？可以精准抄底、精准逃顶的那种。答案是否定的，否则全世界的钱都被他一个人赚走了，世界还怎么运行？我们每一个个体，需要探索出适合自己的投资体系，投资之难就难在这里。有读者肯定又迷糊了，以为学了大师的理论就可以独步武林了，怎么还要建立自己的投资体系呢？

我们重新考量大师们，会有新的发现。你发现没有，巴菲特管理体量那么大的资金，干了一辈子，买过的股票就那么几十只，而彼得·林奇仅仅13年的时间就买了15000只股票，谁对谁错？从结果看，都是对的。该信谁？这不是非此即彼的问题，我们要做的是研究背后的逻辑。我们再看索罗斯，索罗斯的投资生涯很精彩，跟英国政府斗，跟泰国政府斗，整个人生经历跌宕起伏、绚烂多彩，充满了戏剧性。他每一次大规模的投机动用的天量资金从哪里来？杠杆。而巴菲特旗帜鲜明地指出投资信条并用一生去坚守——不借钱、不做空、不做不懂的东西。不借钱就是不加杠杆。巴菲特说，如果你够聪明你不用融资，如果你不够聪明你就不该融资。不做空，不跟市场作对，不搞投机，做空自己的国家会破产。不懂不做，恪守能力圈。对比巴菲特和索罗斯的投资理念，我们发现风格迥异。读者朋友是不是六神无主了呢？

别慌，有我东东哥在，幸好有东东哥。不然我写这书干嘛？我写书就是要把投资的事尽可能阐述清楚，当然，这些是在尊重并学习大师的基础上取得的。

股市投资到底有没有捷径？没有。你想不劳而获，你想靠打听点消息一夜暴富，你想靠抄袭作业实现人生逆袭，都是虚幻的。股市如江湖，刀剑飞舞，且此刀剑非彼刀剑，看不见摸不着，杀人于无形。我们看武侠小说，大侠似乎一定要拥有什么独门绝技，才能纵横天下，但我们忽略了他纵横天下之前摸爬滚打的艰苦历程。大道至简，我们需要的不是炒股秘籍，也不存在什么秘籍，也没有任何一门绝技让你傲视天下。我们要做的，是把各门各派的武功路数都学习研磨，反复领悟，借助前辈们的智慧，最终找到一条属于自己的投资之路。能否成为华山论剑之人，能否登上华山之巅，就看各位的勤奋和造化了。如果炒股有捷径，这就是唯一的捷径，总结起来就是：读最好的书，学习最优秀的人，集大师们的智慧于一身，打造最锋利的剑。最后我们干嘛？学习大师，尊重大师，并有勇气打败大师。

当然，要重视东东哥，我会让你大幅度缩短探索的时间。

说说我的股市探索之路。表面看起来吊儿郎当的我，其实是酷爱读书的，没有真才实学是不可能在股市长期闲庭信步、游刃有余的。只是我读书并非为考试，大学毕业之前，我是为兴趣而读书，基本都是文学类的，用时下的眼光看或许可称为"无用的书"，我学的是法律专业，对专业我没啥兴趣，最终只能勉强毕业。我在诗歌方面的成就远超其他，无奈关注我诗歌的人很少，属于小众事件。我一直认为我的代表作《生命的光芒》《秦淮河的水》《飞鸟》等对新诗的发展是有贡献的。这些年请我吃饭喝酒的人，基本上都让我谈谈股市。一次一位著名诗人请我吃饭，也是让我谈如何炒股。席间我爱人突然问了一句，他老跟我吹牛他的诗世界第一，究竟怎么样？我的诗人朋友说，他确实比大多数人写得好。

大学毕业后，迫于生计压力，我阅读了大量经济类、营销类书籍，以期提高思想境界，提高工作能力并实现自己的远大规划，这不包括炒股。这一阶段的阅读，我把它概括成为生活而读书。参与炒股以后，我把经济学、金融学、会计学以及证券投资类稍微有影响的书全读了个遍。我要搞清楚股市到底是咋回事。

我的投资方法汲取了大师们的智慧，又不同于任何大师。十几年的投资生涯我买过1000多只股票，每天都忙着翻石头，感觉不错就先买进来再仔细研究，这是不是有彼得·林奇的影子？但随着时间的推移，我的股票越来越少，交易频率越来越低，时至今日，池子里只有少得可怜的不足10只股票，重仓股更是只有两三只，这是不是在靠近巴菲特？不论股票多少，交易频率高低，杠杆始终伴我左右，大规模上杠杆的时候又总保留逃生通道，该操作是不是索罗斯附体？

不，我谁都不是，我是我自己，我也只能是我自己。

　　与众多只想着来股市投机一把赚点小钱的炒股者不同，我来股市是有长远规划的，是有伟大梦想的，自然不能随随便便，是要做好充分准备的。

　　那么问题来了，怎么学？学什么？我们看看那些基金经理都是学什么的就明白了，绝大多数都是学经济或者金融的，那好，目标锁定了，接下来就是怎么学了。是不是要考研或者MBA什么的，我觉得没必要，我们不是为学历而学习，而是真正地学习，相关的书籍买来学习就是了。当然部分经典课程都有网课，上网课非常不错，累了可以暂停休息，难度大的可以反复听，还可以选名师，我的《西方经济学》《微观经济学》《货币银行学》《会计学》等全部上的网课，讲课老师全部来自知名大学。有些自己买书自学就可以，比如《国富论》《就业、利息与货币通论》《政治经济学及赋税原理》《非理性繁荣》《动荡年代》等财经名著。至于投资类的，各门各派的都要读，没有太复杂的，靠自学完全可以解决。

　　为了方便大家学习，我帮大家梳理一下我认为对大家认识世界、洞察投资有帮助的书，书中的大智慧是一盏盏明灯，读后我们抬头会看到不一样的天空。以下我认为的好书，供有志于投资的伙伴参考：《行为金融学》《西方经济学》《货币银行学》《会计学》《国富论》《就业、利息与货币通论》《政治经济学及赋税原理》《从西潮到东风》《中国的奇迹：发展战略与经济改革（增订版）》《八次危机》《非理性繁荣》《动荡年代》《硅谷之火》《掌控习惯》《让金钱为你工作》《索罗斯带你走出金融危机》《世界金融史》《股票作手回忆录》《穷查理宝典》《战胜华尔街》《滚雪球》《邓普顿教你逆向投资》《约翰·涅夫的成功投资》《跳着踢踏舞去上班》《戴维斯王朝》《比尔·米勒的投资之道》《华尔街之狼》《投资成长股》《思考快与慢》《稀缺》《自控力》《墨菲定律》《伟大的博弈》《展望二十一世纪》《原则》《原则：应对变化中的世界秩序》《光荣与梦想》《投资最重要的事》《小狗钱钱》《市场真相》《通往财务自由之路》《低风险投资之路》《量化投资》《怎样选择成长股》《股市真规则》《股市进阶之道》《文明、现代化、价值投资与中国》《战胜一切市场的人》《如果巴西下雨就买星巴克股票》《驾驭周期》《投资者的未来》《股票深度交易心理学》《交易心理分析》《投资的怪圈》《随机漫步的傻瓜》《股市长线法宝》《共同基金常识》《黑天鹅》《债务危机》《漫步华尔街》《赢得输家的游戏》《客户的游艇在哪里》（正是读了这本书，我的脑海里总是闪烁着大大的问号：散户的游艇在哪里？）《聪明的投资者》《笑傲股市》《灰犀牛》《安全边际》《说谎者的扑克牌》《金融炼金术》《在股市大崩溃前抛出的人》《炒股的智慧》《股市稳赚》《投资中最重要的三个问题》《超级强势股》《荣光与原罪——影响美国金融市场的100人》《华尔街的华尔兹》《费雪论创富》《纳瓦尔宝典》《负利率时代：货币为什么买不到增长》《投资中最简单的事》《投资中不简单的事》《跟杨德龙学价值投资》《时间的玫瑰》《林园炒股秘籍》《价值》《这次不一样》《追寻价值之路》《美股70年》《大钱细思》《乡下人的悲歌》）。

海德格尔说，告诉我你是怎么阅读的，我就能告诉你你是谁。阅读非常重要，它是我们打开世界的最重要的方式。当然你没必要局限于这些，我个人的阅读也远大于这些，比如亚当·斯密、凯恩斯、哈耶克、李嘉图、费雪父子（菲利普·费雪与肯·费雪）、戴维斯家族、弗里德曼、萨缪尔森、卡尼曼、席勒、伯南克、格林斯潘等的著作，直到今天还在拓展阅读和研究范围。我的研究并非仅为了投资，这是我的兴趣，这些研究让我对这个世界保持警觉和独立思考的习惯。你可以更大范围扩展阅读，也可以把书与作者一起研究。另外需要指出的一点是，这些书排名不分先后，你千万别只看前面几本后面就不看了，比如最后一本书《乡下人的悲歌》，直到今天我还在看，尤其每当回到农村老家，我的脑海里总是循环放映着书里的画面，它为我们理解工业化、城市化打开了一扇敞亮的大门，为我们的就业、创业、投资选择、阶层进化等燃亮了一盏明灯。

这些书很多吗？真不多。其中一些书其实就是一本小册子，很薄很简单；有些书非常有趣，读起来轻松愉快。如果这些你就觉得太多，那麻烦了，这么点书都不愿意读还能干什么呢？也许你会说这年头忙死了，哪有时间看书？那你告诉我你忙什么，是忙着玩微信、刷抖音、打游戏吗？那就别抱怨股市老跟你过不去，别再骂什么不争气的股市，该骂你自己。

我前面说了，炒股成功如果有捷径，那就是读最优秀的书、学习最优秀的人。当我们付出足够的努力和思考，我们看到的世界会不一样，天大地大，那一座座金矿就在那里，在时间的序列上闪闪发光，我们只需要在力所能及的前提下和恰当的时间，把金矿挖回家。如果你足够努力，进行了大量的、深入的学习思考并积极实战，还是既摸不到金子，也看不到金矿在哪里，那好，就放弃股市吧，天赋不在此，除了股市，还有太多选择。你如果实在不愿意彻底离开，实在割舍不下，就像本节标题一样——"来了，再也离不开"，那换一种方式参与，比如选6只过去5~10年表现优秀的基金，它们大概率未来10年会依然优秀。具体选择上，公募基金和私募基金各3只，涉及小盘股基金、大盘股基金、行业主题基金（如科技创新、新能源、品牌消费等），这样构建一个基金组合，长期持有。什么意思？如果咱不是炒股的料，那就委托是这块料的人来干。换一条道，也能抵达罗马。

就我个人的投资进阶之路来说，并不平坦，被市场啪啪打脸是家常便饭，说鼻青脸肿都是客气的。所以我有自知之明，我并非天赋异禀，但也不是笨蛋一枚，我是一个勤奋而执着的投资人。自进入股市那天起，我明确承诺我对家庭的未来负责，家里所有流动资金扣除日常支出后绝大部分投入股市，由我全权操作。从那时起，家里一切事务由老婆及长辈负责，用岳父的话说我的任务就是赚钱。

我要对家庭前途负责，必须强大自己，多读书、多思考、多领悟，戒骄戒躁。马尔克斯说得好，"生命中所有的灿烂，终将用寂寞来偿还。"耐得住寂寞耐得住孤独，潜心研读修炼，每一本书都是一个新的角度，把市场打碎，复原，再打碎，再复原。

但既然开户了，肯定要买股票，应该没有人等到读了几十本书弄明白了再去买股票吧，可以先试试手。我要买中国石油股票，电视节目上专家说它是"亚洲最赚钱的公司""有望成为百元股的大牛股"。全国股民翘首以盼准备抢啊！中国石油股票发行价为16.7元一股，并在上市当天（2007年11月5日）开盘价飙升至48.6元！（见图2-1）中国石油股票上市第一天我第一时间冲进去，迫不及待。那不是买，是抢。不仅自己买，我还建议其他人买，信心满满。有句很流行的话叫"买到就是赚到"，最能描述我当时的情绪。开盘价48.6元一股，我的成交价就是开盘价，也是中国石油迄今为止的最高价。是不是可以说中国石油的最高价纪录就是我创造的呢？至少有我的一份功劳吧！我记得那时候上证指数点位大概在5800点附近，记不清了，反正误差在5%以内。我入场的时候大盘点位接近中国股市有史以来最高点位了。怎么样？还有谁比我的买入价更高吗？谁能告诉我，假若拿着不卖，一百年能解套吗？股吧里有个自嘲帖子说出了我的心声：问君能有几多愁，恰似满仓中国石油。所以我经常开玩笑讲，我是中国最惨股民，兢兢业业为中国股市站最高的岗！回头看看，才知道我愚蠢到什么程度。我们看看那时巴菲特在干嘛，作为股坛第一高手的巴菲特正忙着减持中国石油H股……

图2-1　中国石油A股年K线

所以我也犯错，犯所有股市小白都会犯的错误。刚到股市，大家都一样的傻、一样的天真，但不能一直重复着傻与天真。我不怕犯错，原谅自己，继续前行。我是把炒股当成事业来做，越挫越勇，循序渐进，通过疯狂的学习不断进阶。

大概入市两年半后，我对妻子说，我很确定我能在股市生存，我的目标可不是一两百万元，妻子吓傻了，睁大眼睛问，你想干啥？我说把房子卖了，炒股。房子很快卖掉了，因为是朝北的户型，一年到头见不到太阳，很便宜，还掉房贷就剩20来万元，留1万元生活费，其余全部杀入股市。重仓买入了中国北车，分批买的，平均成本5～6元吧，时间太久记不得了。（见图2-2）那时年轻，激情澎湃，大力向炒股的同事、朋友推荐中国北车。印象中小尹和小范听了我的建议买了。他们赚没赚到钱我先不说，我说个和小范之间有意思的事，帮大家放松一下神经。那时我在无锡做项目，在太湖边上，我和同事小范都是外地来的，我从南京来，他从河北廊坊来，晚上无聊，我俩弄个足球出去踢，没有足球场，我们就在附近的篮球场踢。不知道小范哪根神经出了问题，说："你要能踢中这个柱子（篮球架中间的那根柱子）我就喊你东爷。"我说好，一言为定。我拔脚怒射，中了。小范目瞪口呆，声音有点抖，喊了句：东爷！说实话，再让我踢100次也可能中不了，距离太远，柱子也不粗。从那以后，我就是小范的东爷了。这个真实的故事说明了啥？运气是真实存在的，偶然性的事一旦发生了，就这个事件本身而言，那就是确定的、真实的。投资何尝不是如此？！

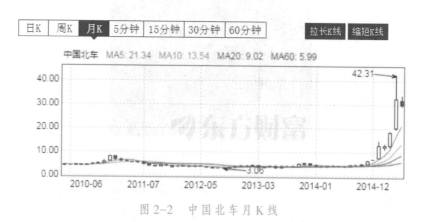

图2-2 中国北车月K线

话题回到中国北车。我买了中国北车，对吧，买了总有理由吧，我是怎么考虑的呢？这次选股方式与彼得·林奇有点神似，从日常生活中发现投资机会。我那时经常出差，出行方式主要是地铁+动车，那时候南京只有地铁一号线在运行，建设中的南京南站就在我家附近，据说是当时亚洲最大的高铁站，太震撼了！我深切感受到高铁时代的到来。未来大城市交通必将进入地铁时代，以南京为例，我预判会有大约30条地铁线，还有30倍潜力。高铁将把城市连接起来，甚至可能把全世界连接起来……对选择中国北车的更具体思考会在后面章节介绍。

投资中国北车赚钱了吗？这个事一波三折，比想象中的曲折太多，也太煎熬，最低跌到3元。跌到5元的时候倒还好，压力不大，跌到4元附近的时候我明显感到压力快速加大，我重新梳理了整个投资逻辑，结论是：没问题，继续加仓。我的压力主要来自家人，妻子生性胆小怕事，看到我把卖房款亏成那样，难免会嘟囔几句，搞得家里人全知道了，我在家里的威望极速下降，不客气地说类似于败家子吧。岳父唉声叹气：明知道股市是骗局，傻子太多，非要去上当！傻子都能听出来，这是不点名损我呢！有位亲戚要买房，资金不够，要跟我合买，说，等赚了钱该怎么分怎么分，把你股票上亏的钱从房子上赚回来。我心里很不爽，说买房就说买房呗，你提我股票亏钱的事干啥？很显然，我炒股炒成了别人眼中的笑话。我这人内心超级强大，我是活在理想和未来中的人，我告诉自己勇敢面对现实所有的冷，不要怪罪家人或亲戚朋友嘲笑你炒股亏损，因为他们理解不了股市，也就理解不了你，更何况你炒股亏钱是事实。炒股太难了，要承担的压力远不止股票下跌的压力。但我不怕，我看到了股市即将否极泰来。我不怕，但是听了我的建议买入中国北车股票的小尹很怕，几乎每天都问我一遍该怎么办，我的回答很坚决：继续加仓！后来小尹再也没问过我，我心里很难过，但无能为力，我知道她悄悄地割肉离场了。至于小范，他一直炒短线，两天不涨他就跑，所以早就跑了，亏得不多。股价涨跌我掌控不了，但我能管理好我自己，当时的策略就是没有策略——死扛，类似于今天的流行词——躺平，忽略波动，盯住价值，越跌越买，只买不卖。我每月的工资除去必要的家庭开支，全部买入股票。我那时的压力之大可想而知，为缓解情绪，我时常对着电脑大声朗读索罗斯的名言——稳定的心理素质和钢铁般的意志是制胜的关键……

后来这只股票给我带来了非常可观的利润，算是我人生的第一桶金吧。

所以，不要抱怨家人不理解你，不要试图去辩解，没用的，家人都是正常人，他们需要的是稳定，是安全，是衣食住行，是柴米油盐，是能看到的希望，你老是亏钱，家人心理压力巨大，牢骚几句是排解压力，至于你的雄才大略，太过于虚无缥缈。你要做的是迎难而上，做出成绩让结果说话，证明你行，证明你不同凡响，证明你可以从贫穷走向富有，证明你真的可以看到远处的金矿并有能力把金矿搬回家。到那时，你不再是笑话，而是"股神"，是"奇才"，这时反而要多一分谨慎。

如今面对股市的惊涛骇浪，我早已波澜不惊，应对从容，我是站在距离股市较远的岸上的那个人，品茗听琴观风景。不会有人以为我不看图不看线，是不务正业闲得无聊吧？非也。我有足够的底气保持淡定。我背后，站着的，均是股市江湖各门派一等一的高手。

江湖险恶，李寻欢为何逢大战必胜？除了他除恶行善得道多助之外，就是他的手，大家一定要注意他的手，出刀的手，总是在最恰当的时机飞刀起，一击必中，成就江湖美言：小李飞刀，例无虚发！大家再看巴菲特的手，总是等待等待等待，长时间按兵不动，等待什么？等待最佳击球时机的出现。两只手是不是有异曲同工之妙呢？！

如此，看似变幻莫测的股市便不再奇妙，由桀骜不驯的对手变成风姿曼妙的女子，简单而性感，触手可及。

二 投资者到底有没有未来

投资者到底有没有未来，或许会有争议。现代社会有一个东西始终与我们如影随形，也许你猜到了，是通胀，对，就是通胀，这个坏家伙决定了我们必须投资，否则我们的资产就会被它吃掉。为了研究方便，我们假设几个常量1%、5%、10%作为通胀率，测算100元的购买力变化，以此来考察通胀的影响。如果通胀率是1%，第二年购买力就变成了99元，20年后购买力就只剩下82元；如果通胀率是5%，那么意味着10年后购买力只剩下60元，20年后购买力只剩36元；如果通胀率是10%，10年后购买力只剩35元，20年后购买力只有12元。通胀猛于虎，长期看我们的资产会被通胀吃的无限接近于0。所以通胀的威胁真的很可怕，面对通胀，除了投资，我们别无选择。

不投资没有未来，现实中投资可能亏得更快，到底该咋整？

首先必须承认一个事实，经济周期也罢，股市牛熊也好，我们作为投资人必须面对的这些事，都是很难预测的。已故诺贝尔经济学奖得主保罗·萨缪尔森曾经打趣道：华尔街预测到了过去五次经济衰退中的九次。这从一个侧面提醒投资人投资的艰难。

做了这么多年的投资，回头看，风轻云淡。但过程，其实是无比艰难的，甚至某些时刻徘徊在崩溃的边缘。有句话讲得好，道路是曲折的，前途是光明的。炒股亦然。

很喜欢艾青的诗，朗朗上口，诗意悠远。我常常回味《我爱这土地》里的诗句："为什么我的眼里常含泪水？因为我对这土地爱得深沉……"作为诗人兼股民的我仿写一首，名字叫《我爱这股市》：为啥我的眼里有泪，因为股市坑我千百回……

的确，从现象看，绝大多数人炒股没有未来，不客气地说，炒股是世界上最浪费时间和青春的一种行为。高风险、高波动、高度不确定，偶尔赚一次很快又亏回去，赚钱太难，亏钱太容易，严重不对等。买卖股票还要给证券公司手续费，这些钱交出去，你的收益又降低了，本来就没收益，手续费又必须得交，另外还有印花税，所以炒股也是在给券商和税务部门做贡献，至于未来在哪里，似乎只能在梦里。从数据看，有股市以来绝大多数炒股的人都是亏钱的，这其实不用统计，看看身边炒股的，有哪个赚钱了？赚不到钱谈未来不是扯吗？不信你到大街上采访试试，人家不骂你才怪——唉！宝马变摩托，你还说什么未来！

毫无疑问，股市是有风险的，这种"一赚二平七亏"的定律也是一直存在的。实际情况比"一赚二平七亏"糟糕很多，因为这个"一赚二平七亏"只是账面上的结果，没有考量账面以外的损失，稍微有点经济学常识的人就会明白。我们加入一些因子，比如通胀率，比如机会成本，比如资金成本，如此再看这个"一赚二平七亏"，会不会头皮发麻，会不会感到恐惧？你投100万元10年后变成110万元，你真的以为赚了10万元吗？所以炒股长期能盈利的可能不到1%，反过来就是实际亏损的超过99%。

有人说股市就是个大火坑，有人说股市就是毁灭财富的地方，总之要远离。这时候我们有必要读一本书《客户的游艇在哪里》，一本很简单的书，被称作华尔街迄今为止最有趣的著作，但它却被股神巴菲特推荐，说金融行业应该人手一本，作者是小弗雷德·施韦德。这本书堪称股市的经典写照。这本书从一个故事开始，说是很久以前，一个乡下来的观光客去参观纽约金融区，当他们一行人到达巴特利时，向导指着停泊在海港的豪华游艇说："看，那就是银行家和证券经纪人的游艇。""客户的游艇在哪里呢？"天真的观光客问道。这句话相当讽刺，因为绝大部分客户确实没有游艇。还有一句美国的俗语，叫作"华尔街一头是摇篮，另一头则是坟墓，忽略了中间的幼儿园"。什么意思？华尔街唯独看不到自己的幼稚。这句话道出了金融投机的本质，你赚钱，一定是有别人在赔！作者在华尔街上班的第一天，就眼睁睁看着有人半天就赚了 560 美元，这在当时是一笔巨款，此时他就问到了上面的问题，这笔钱是谁的？有同事告诉他这是空方的损失，还有人说没有人赔钱，这是美国经济繁荣增长所带来的收益。有人更是简单粗暴却似乎更接近真理或现实：牛可以赚钱，熊也可以赚钱，但猪却什么钱也赚不到。似乎说的都对，又都不对。这，就是血淋淋的股市，虎狼横行，骗子成堆，防不胜防。但归根结底，还是我们自己太过愚蠢。警察可以抓到骗子，但没有法律可以制止愚蠢，我们只能进化自己。

我们为什么要来股市，我们甘愿做任人收割的韭菜吗？显然不是。上面提到的《客户的游艇在哪里》讲的是 1929 年股市崩盘前后的故事，是对投机者的经典写照，但对股市和股民的刻画与今天惊人一致。这正印证了利弗莫尔的名言：华尔街没有新鲜事，因为人性不变。既如此，那么，谁能告诉我，散户的游艇在哪里？该如何找寻？

我花这么大力气写书就是要把大家从韭菜堆里解脱出来，从而"赢得输家的游戏"（建议阅读经典投资著作《赢得输家的游戏》），我们要在一个输家的游戏里获胜，何其艰难！

凡事我们都要积极乐观去面对，炒股难度再大，终归有解决的办法，通过持续努力学习、研究实战，是有可能实现长期盈利的。纵观大千世界，所有的市场，都是风险和机遇并存。

在股市赚不到钱甚至赔钱不能说明这个市场有问题，归根结底是炒股人的问题。说得直白点，不是市场不行，不是股票不行，也不是监管部门不行，是你不行。三百六十行，行行出状元。其实炒股和做其他工作是一样的，要想人前富贵，背后肯定"受罪"。进入股市虽然是零门槛，但并不代表你可以不用学习就能赚钱。那种想不劳而获的，在任何行业、任何地方都是行不通的。正如国内颇具影响力的价值投资者但斌所言，如果你真的有才华，有广阔的胸襟，愿意努力奋斗，不妒忌他人的财富，不无所事事，不整天抱怨自己的生活，不找理由逃避责任，就有可能改变自己的命运与现状。

　　所以只要刻苦钻研、方法得当、目标明确，投资前途就是光明的。说心里话，就我个人而言，我觉得炒股是最好的职业，自由自在，有充足的时间干自己想干的事，不用应付太多工作以外的杂事。家人或朋友需要你的时候，你随时可以出现。

　　我想到西格尔教授的书《投资者的未来》，我在前面推荐的书单里也列出了这本书，这本书为我们理解投资、看待世界打开了新的格局。该书视角很独特，结论清晰明确，我个人非常喜欢这种风格。作者摒弃了流行的价值投资策略和增长投资策略，从价值的来源考察投资策略，在强调"估值"重要性的同时，分析了投资者对高速成长产业预期过高的心理，认为快速成长产业并不适合长期投资，最后预测"婴儿潮""人口老龄化"等社会问题将如何影响金融市场，为投资者提供了极有价值的意见。我把它看成为投资者未来保驾护航的书。我在不同场合谈到过这本书，发现读过这本书的人不多。另一本书《股市长线法宝》不少人读过，这两本书是同一个作者——宾夕法尼亚大学沃顿商学院西格尔教授。西格尔教授是著名的思想家、投资家，当之无愧的大师级人物。2000年之前，他看到了市场过热，劝说投资者卖出股票，但后来深入研究发现，真正贵的是科技股，很多股票价格相对合理，他特地邀请基本不碰科技股的巴菲特来做演讲，此时的巴菲特业绩已经明显落后，被很多投资者质疑，甚至有人开始教巴菲特如何投资了。但老巴态度明确：科技股有泡沫！后来的大崩溃印证了他们的前瞻性。科技股投资者迎来灭顶之灾。西格尔教授还发现增长率陷阱不局限于股票，新兴国家、新兴市场、新兴产业都是如此，令人热血沸腾的增长并没有给投资者带来多少好处。

　　当下中国的人口结构与三四十年前相比已经发生巨大变化，新生儿出生率快速下降与人口老龄化同时到来，此刻我们读西格尔教授的书，会有更多体悟。

　　在《投资者的未来》这本书里，西格尔教授将自己毕生所学总结为三个指标：DIV。D就是股利，I就是国际化，V就是估价。他建议购买那些拥有可持续现金流并将这些现金流以股利形式返还给投资者的股票；要认识到那些将使经济力量的平衡从美国、欧洲、日本转移到中国、印度和其他发展中国家的力量；还要买得便宜，积累那些相对于其预期增长而言有着合理价格的公司股票，避免涉足首次公开发行股票、热门股票和其他那些被普遍认为"必须"投资的公司和产业。

西格尔教授高屋建瓴、视野广阔，专业投资者很容易上手，但对散户来说，实操性稍欠缺。我担心很多读者朋友还是云里雾里，下面我结合自身多年的研究和实战，从具体操作层面谈谈我的看法，手把手教会大家该怎么办。分三种情况：

1. 建议研究能力、领悟能力特别强的投资者，可以在学习、总结、吸收格雷厄姆、巴菲特、西格尔、彼得·林奇、卡拉曼等大师思想精华的基础上，建立起适合自己的投资模式，并结合时代发展、产业更迭、科技变革等动态调整。组合配置上，长期（10年以上）、中期（5年左右）、短期（1年左右）、超短期（1个月内）、T日交易（日内交易）资金分配比例为50：30：15：5：X。长期资金押注稳固且具有超长期成长性的优势企业，具体板块有白酒、食品饮料、医疗保健等，当然还可以进一步细分。中期资金押注时代最强音，这个随时代而变，当下最强音是什么？新能源、数字经济、核心科技以及人口老龄化背景下的医疗健康（尤其是治病、治未病的中药）等。短期资金押注周期，在周期底部布局，如钢铁、水泥、煤炭、航运、有色、化工、生猪养殖等（从根本上讲，一切皆周期，所有行业都有周期，只是有的明显有的不明显，本书说的周期行业特指周期特征鲜明的行业），要深度挖掘具体行业特点，实现高位退出。超短期资金押注热点，在热点启动初期快速介入。具体可根据年龄阶段、自身风险承受能力及投资回报目标调整资金分配比例。T日交易俗称T+0盘中交易，我的习惯是在持仓股里选定股票，利用杠杆资金滚动交易，动用资金量较灵活，故用X表示，适合于处于弱平衡状态的股票，比如盘中可能下探3%，收盘实际跌幅可能小于1%，赚取差价。当然，杠杆资金的使用绝不仅限于此，比如在熊市末期可用杠杆资金试探性加仓，若市场按预期发展，则可以考虑提高杠杆仓位。关于是否应该使用杠杆，我本人态度明确，不排斥杠杆。我的理解是杠杆并非洪水猛兽，它是一个好工具，关键是要用好。另外杠杆比例应随着年龄增大和财富增加逐级下降。

特别提醒：盈亏同源，杠杆是一把双刃剑，我不是鼓励大家都去加杠杆，能把自有资金玩转已经很了不起了。要结合自己的情况决定，适合的才是最好的，若水平不够非要加杠杆蛮干，后果很严重。能力不能覆盖的地方就是禁区，能力能覆盖的就不叫难度了。

2.对于选股能力较弱但择时能力较强的投资者，怎么做才有未来呢？我对此做过较长时间的思考和尝试。结论是，放弃个股研究，把精力放在行业研究上，押注最强赛道或超长景气周期行业的ETF，不要多，选一两只就够了，充分利用择时能力强的优势，抄行业的底，根据阶段估值高低和市场情绪做好仓位管理就行。

3.针对选股能力、择时能力均较弱的投资者，我也做过研究，依然有可行的办法成为长期赢家。比如对当下A股，建议长期定投（每月或每季度一次）成长性突出的板块ETF，比如创业板50ETF、科创50ETF；次优选择是走势更稳健、波动更小的上证50ETF、沪深300ETF。从股票运行规律看，这些指数长期一定是不断创新高的，在可预期的将来，A股会实施全面注册制，全面注册制将推动指数走出长牛。另外，也可以关注港股的投资机会，眼下港股估值全球最低，投资机会百年一遇，可以通过恒生科技ETF分享港股优质资产的成长。

如果思维再打开一点，眼界和胸怀更开阔一点，我们可以看看国外，比如表现靓丽的纳斯达克指数，比如过去30年全球表现最好的印度股市，我们可以通过相关基金产品来参与。美股和印度股市作为成熟市场的优等生，过去几十年回报率相当惊人。我们可以把那些优质的能长期上涨的指数看成一只大股票，比如纳斯达克指数，我们直接买入跟踪这个指数的ETF就可以了，这样投资即刻就变得简单了。

说到ETF，我多说几句。我发现很多炒股多年的投资者居然不知道

ETF是个啥，ETF在成熟市场是一个非常重要的可以主动选择的被动投资工具，数据统计表明，这种被动指数基金长期跑赢绝大多数主动管理的基金，所以我觉得有必要科普一下ETF。ETF是交易型开放式指数基金，又称交易所交易基金。ETF是一种跟踪"标的指数"变化且在证券交易所上市交易的基金。投资人可以如买卖股票那么简单地去买卖"标的指数"的ETF。ETF是一种特殊的开放式基金，既吸收了封闭式基金可以当日实时交易的优点，投资者可以像买卖封闭式基金或者股票一样，在二级市场买卖ETF份额；同时，ETF也具备了开放式基金可自由申购或赎回的优点，投资者可以如买卖开放式基金一样，向基金管理公司申购或赎回ETF份额。ETF通常由基金管理公司管理，基金资产为一篮子股票组合，组合中的股票种类与某一特定指数（如上证50指数）包含的成分股票相同，股票数量比例与该指数的成分股构成比例一致。换句话说，指数不变，ETF的股票组合不变；指数调整，ETF投资组合要做相应调整。

可能有小伙伴困惑了，为啥总是让我投资ETF，而不是公募或私募基金呢？确实如此，这里面还真有些道道，我从几个角度谈谈，争取把这个事谈透：

（1）交易便利。买卖ETF操作上非常便捷，在证券账户里就可以操作，就像买卖股票一样。

（2）费用很低。ETF交易不收印花税，管理费也很低，不要觉得这些都是小钱，这些费用高低对长期投资结果影响巨大。

（3）组合投资。ETF指数基金是产品，是一个组合投资产品，买ETF指数基金可以有效规避买个股暴雷带来的灭顶之灾。

（4）顺应时代。中国股市已经到了指数基金的投资窗口期，A股注册制试点范围逐步扩大，即将迈入全面注册制时代。从国外的情况看，实行注册制以后都走出了慢牛、长牛行情，但绝大多数主动基金跑不赢指数，何况散户？而ETF是跟踪指数的被动基金，我们买入优质的ETF并长期持有就可以成为赢家，目前时点买入A股的优质ETF，相当于提前坐上了牛市首发车。可以预见，注册制在A股全面落地之后，优质成长型指数将迎来百年长牛，理由是多方面的，这里先说结论，后面章节会深入探讨。想对指数基金投资价值深入研究的小伙伴可以读一下西格尔教授的《股市长线法宝》和指数基金之父约翰·博格的《共同基金常识》。

（5）赚钱概率。散户买个股赚钱的寥寥，长期投资（逢低布局或定投）优质指数亏钱的概率几乎为零。

那主动基金能不能买？当然能。以上我讲的那些策略如果你都觉得头大，那就要考虑配置主动基金了，多数主动管理的基金长期收益还是不错的，主动基金成功的概率远大于散户。

说到这，我基本上把炒股有没有未来讲清楚了，就要看你怎么做了。炒股既没有看起来那么简单，也没想象的那么难。古人云："天下事有难易乎？为之，则难者亦易矣，不为，则易者亦难矣。"的确，天下事只要去做，难的也会变成容易的；反之，不做，容易的也会变成难的。巴菲特说投资很简单，但并不容易。可谓一语道破玄机。

只有足够努力才有可能把看似很难的事变得容易，只有足够努力才有可能把握住机会成为幸运者。因为就算有再好的想法、再完整的机会，很多时候都无法成功。而在成功的最后时刻，就需要我们主动地去添加砝码，让成功概率变得足够大。就像《当幸福来敲门》的主人公一样，他去面试股市交易员这个岗位时，做了万全的准备，却还是无法拥有面试的机会，但是他却一直不放弃，依靠自己的智慧和努力，终于打动了证券公司的经理，然后成功进入证券公司，成功转正，拥有了稳定的收入。

要想持续成功，我们需要终身学习和思考。海德格尔说，存在是一场永无止境的追问。我们要勇于向内心追问，不断挑战自己的认知，才能开拓新的未来。尼采说，如果这世界上真有奇迹，那它只是努力的另一个名字。勤学苦练，多读几遍我的书，走对路，做时间的朋友；不求上进、好吃懒做、花天酒地，神仙难救。

我本人对股市情有独钟，在我眼里干啥都不如炒股，不求人不闹心，独立自主进退自如。就像我在序言里说的，你请我去做总裁我都不当，我宁愿炒股。

　　用心读书，勇于实践，早日开悟。洞察时代，穿越时空，领悟投资大道，则未来属于你。图2-3投资曲线供你参考。

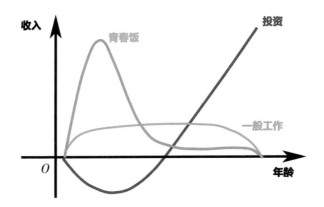

图 2-3　不同性质工作收益曲线

三　财富迷局：我们失去的钱去哪儿了

　　炒股的人有一个共同的困惑：我的钱去哪儿了？被别人赚去了吗？凭空蒸发了吗？奇怪了！既然来了，炒亏了，我认，可就是死也想死个明白，我就想知道我的钱去哪儿了！

　　比如说你投入100万元买股票，你听从某高手的建议，做价值投资长线投资，打算3年不看不问不卖。结果没到3个月你忍不住了，打开账户一看，傻眼了！还剩70万元！你心里1万只羊驼在狂奔，这么跌下去用不了一年就归零了，你越想越害怕，一咬牙一跺脚，割了。你心里不服啊，啥也没干，钱跑哪去了？有人说你亏的正是别人赚的，这话听起来好像对，因为确实有人亏有人赚，但据此说一部分人的亏损是被另一部分人赚走了难以服众，也经不起推敲。大家设想一下，如果他亏损30万元，但并不打算卖出，那只是账面亏损，他的股票一股没少，这叫什么？这叫估值收缩，每股的市面价格变低了。再仔细追究下去，对于那些没有卖出股票的股东而言，资产却缩水了，这可不就是蒸发了吗？你难道认为他们蒸发的资产被其他人赚去了？那你告诉我是怎么被其他人赚去的？他们的股票在自己手上，没有卖，有的本身就是非流通股。再想一下，还是这个例子，他卖了，亏了30万元成为事实，从他手里买走股票的人也不见得赚，因为他买了以后可能涨也可能跌。

　　我们把视野放到全市场，看看最近一次股市大蒸发。大家经常说或经常听到别人说2015年股市蒸发了多少万亿元，这成了中国股市永远抹不掉的惨痛记忆。2015年6月至8月中国资本市场发生了异常波动，中国股市经过两轮断崖式下跌，上证指数在短短的53个交易日从5178.19点（2015年6月12日）跌至2850.71点（2015年8月26日），跌幅超45%，沪深两市总市值蒸发了约 33 万亿元。本次大波动在国内外引起震动，对我国的社会稳定和经济平稳运行产生许多不利影响。随着股市的暴跌，市值迅速蒸发。中国股市实施正负 10% 的涨跌停板制度，因此当大跌发生时个股出现大规模跌停，市场流动性缺乏。股市异常波动期间千股跌停频繁，千股以上跌停日多达 11 天。问题是，钱去哪儿了？蒸发了！蒸发到哪儿去了呢？不知道。

真是个怪圈。

最基本的常识，我们把股民亏损的钱加起来与那些赚钱的股民的盈利总和对比，两者根本就对不上，相差甚远。所以我倒觉得，除了少部分被高位套现者拿走以外，其余的就像被风吹走了。所以我不认同"零和游戏说"。

为了更直观一些，我举个极端的例子，假设一家市值 100 亿元的上市公司，因严重财务造假被立案调查，消息曝出后该公司开盘即跌停（−10%），买盘为 0，也就是没有人能成功卖出，没有买家。这时候公司的市值是 90 亿元，所有股东当天亏损幅度相同，那么问题来了，股东当天亏的钱被谁赚走了？你还好意思说被别人赚走了吗？是吧，可不是被风吹走了嘛！

这真是伤脑筋，先放一下。

我举个看得见、摸得着的实物交易例子。这些年大家都在说房子，我就说个房子的事。假设你花 1 亿元买了个大豪宅，有天有地有院子，你很得意，因为这是那个豪宅区最后一套出售的房子，被誉为"楼王"。开发商以做豪宅闻名，开始标价 2 亿元，作为样板房供人参观。天有不测风云，楼市调控接踵而至，炙手可热的楼市快速降温，这家做豪宅的企业也扛不住了。但为了项目高大上的脸面，只能偷偷地变相以各种理由降价。为了加快销售、降低资金压力，那个标价 2 亿元、只看不卖的楼王也要卖了，且自降身价只要 1.8 亿元。半年过去了，有人看有人问就是没人买，一向高傲的售楼小姐也放下了身段，又是打电话又是发短信告知客户 1.6 亿元就能到手，但是依旧出不了货。一年过去了，楼王还在，只是变成了1.5亿元。时光匆匆过，两年过去了，楼王不再遮遮掩掩，打出一口价1亿元，限卖3个月，逾期不再销售。2个亿变成1个亿，你觉得只花一半的钱买到楼王，超值！你决定下手了，把楼王买到手，内心十分欢喜。一年后你的生意遭遇重创，急需一大笔资金，你的银行授信额度早已用尽，能指望的就是这个楼王了。你心有不甘地把楼王挂到房产中介，挂牌价1.2亿元，3个月过去了，无人问津；你一咬牙把价格降到1亿元，又3个月过去了，还是无人问津。你责备中介销售不力，中介说大环境不好，没办法。又3个月过去了，情况照旧。楼市依旧疲软，降价声不绝于耳，你彻底慌了，一口气把价格降到7000万元。还真神了，客户仿佛从天而降，出价6500万元，一次性付款。此时你的心里下起了刘德华的《冰雨》，你的心仿佛被刺刀狠狠地宰……你真切体验了一次客户是上帝。不考虑税费及资金成本，亏损3500万元。你亏损的钱去哪儿了？被风吹走了。什么风？市场情绪。买家赚到钱了吗？目前没有，未来能不能赚到，天知道。我们再帮开发商将一将，公司把2亿元的楼王以1亿元出售，另外1亿元去哪儿了？压根就不存在。开发商玩了那么多噱头就是想卖高价，就像企业IPO前的路演，包装打扮带吆喝，热闹非凡，但最终能不能卖个好价钱要看市场情绪，要看买家愿意出什么价。

有部很火的电影叫《流浪地球》，科幻大片，这让我联想到股市，原本八竿子打不着的两个玩意儿被我想到一块了，可见我对股市的爱有多深。我倒觉得股市比这个《流浪地球》还要科幻，可称之为"流浪的股市"，或者叫"股市在流浪"，总之别想安稳。所以我们要拥抱震荡，和股市一起流浪，享受起伏不定、上上下下的快乐。如此我们就走进了股市财富的中心。

回头再看股市，星星还是那个星星，月亮还是那个月亮，股市还是那个股市，只是韭菜割了一茬又一茬。不管被风吹走多少市值，我们只需要确定手中的股票是好股票，坚持住，风，一定会往上吹。至于钱去哪儿了，已与我们无关，让别人去考虑吧！

第3章 投资生涯中寻求突破之道

一 大股小市

"大股小市"是我总结出的证券投资"长胜理论",是一次个人"理论创新",是历经实践—理论—实践—理论创新几个阶段,在长期实战中探索提炼出来的,是一种追求幸福的投资学,有助于做到"投资与快乐同在,效益与健康兼得"。

"大股小市"这个名字并非刻意所取,而是自然发生的。不知道从哪天开始的,我的脑海里开始飘荡起这四个字——"大股小市",当我面对股市的所有,它都在,犹如神灵附体。我经常和身边人开玩笑说,我的理论是我炒出来的,就像厨师烧菜,农民插秧,外科医生做手术,都是源于内、立于形的手艺活。只是此"形"非"常形",须"入境"才行。

（一）理论基础

"大股小市"理论来源于市场观察和实践。股市一定会涨,也一定会跌。乐极生悲,盛极而衰,否极泰来,物极必反,万事万物概莫能外。这为"大股小市"理论提供了操作空间和机会。

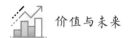

天下股市，都是情绪跳动的符号，只是不同制度、不同市场表现有所不同，比如A股"牛短熊长"，美股"牛长熊短"，港股波动更大。

牛市中也有回调，上升途中10%或20%的回调是家常便饭，短暂调整后很快重拾升势，所以牛市中的回调超过20%是绝佳的入场机会。

牛市触顶回落，市场进入熊途，过程会比较漫长。当一些优质股出现"拦腰斩""膝盖斩"时，就要分批介入了，耐心等待市场进入下一轮牛市。

需要注意两点：

（1）整体市场运行在熊市途中，也会有行业走牛市，这是因为该行业赶上了爆发期，比如过去几年的新能源就是如此，这个要单独研究和对待。

（2）牛市途中遭遇重大利空带来的急速下跌，这种下跌是短暂的，我们把它称为"黄金坑"，它并不改变牛市趋势。这需要精准、快速研判，及时决策。

总体来说，表面看股市如海浪，起伏不定，喜怒无常，玄奥莫测，其实股市很简单，复杂的是人心，你只要相信世界会越来越好就行了。人民要幸福，经济要发展，社会要进步，中间所有的意外都是机会。

股市是什么？有人说是赌场，有人说是绞肉机，有人说是让人家破人亡的地方，似乎没人说是发财的地方。在我看来这些都不是，股市在我眼里就是两个字：机会，播种或者收获的机会。什么牛市、熊市，那都是情绪的表达，我们要看到不一样的股市，始终问自己，我该干啥？说白了就是利用股市的不稳定状态，利用市场情绪，而不是被股市的表象所迷惑，被市场情绪带节奏，以客观和理性应对震荡，捕捉机会。

这是"大股小市"理论赖以存在的基础，也是存在的意义。

（二）炒股三段论：大股小市、小股大市与中股中市

"大股小市"，是我多年投资实战的思想结晶，是我对股市投资的理论创新，我自认为我把投资理论向前推动了一大步，让普通散户可触

及，可学可用。

"大股小市"，区区四个字蕴藏了财富大金矿，我们要想炒股成功，必须认识到财富的源泉是"股"（企业或企业组合体），而不是市（交易）。我们要知道财富大金矿在哪里，并知道怎么把大金矿搬回家。通过市（交易）降低你的风险、放大你的大金矿，之所以称为小市，是追求低频恰当的交易。下面还会谈到，这里不展开谈。

我前面花了大力气谈了思想认识方面的事，东拉西扯东一榔头西一棒槌，反复摩擦拉锯蹂躏，估计把很多小伙伴折腾得够呛，如此大费周章只为了打开我们拧巴的思维，把我们长期筑成的死胡同敲开一点点缺口，让光线照进来。所以我说，我是一个诗人，不可能条条框框一二三四五那样写书，那样的书也不需要我去写，市面上多的是。

如果我们把前面提到的书都读了，学会了思考并且养成深度思考、长期思考、前瞻性思考的习惯，那么我们就可以谈谈炒股赚钱的事了，尝试告别股市里被反复羞辱却毫无还手之力的尴尬境地。

很简单，理解四个字就可以了——大股小市。

先解释概念。"大股小市"之大股（企业或企业组合体），即以股为大，以股为主；小市（交易）即以市为小，以市（交易）为辅助。在追求长胜的目标下，坚持以股为中心，在通透性价值研究的基础上长期持有，严重高估或严重低估时辅之以适当比例的交易进行仓位管理。当然这是我下的定义，我创造的理论当然由我来下定义。

为了更清晰明了、形象，我先说"小股大市"，这是刀客思维，讲究的是杀伐果断，赢在概率，我把这称为证券投资之"刀客理论"。比如有人说赚个5%、10%很容易，频繁做差价，每次只想赚百分之几，哪怕百分之一也行，长期下来收益很恐怖。有人做过测算，假如你有100万元，每天不需要涨停板，只需要挣1%就离场，那么以每年250个交易日计算，一年下来你的资产可以达到1203.2万元，两年后你就可以坐拥1.45亿元，轻松实现人生小目标。这玩意儿太有诱惑力了，算得挺准，想得挺美，但稍有不慎摊上一次大亏就把前面赚的都吐回去了。这就叫

"小股大市"，注重的是交易，而不是股（企业），或者眼里只有线条，根本就没有企业。总结起来他做的是小赚大亏的生意，最后往往本金都拿不回来。

反过来，就是"大股小市"，赚大钱的道道。

大股，是我投资理论的核心，一切行动的出发点。如果偏离了这一点，投资大厦就将崩塌。如果你认可我的说法，那太好了，这本书对你来说价值连城；如果你不认可或是部分认可，那也要坚持读完，会使你的投资功力多少有所加强。

大股之大，大在我们投资生涯行走的姿势和态度，大在决定我们的财富命运，是我们投资赚钱的根本。我们如何重视都不为过。

该怎么理解大股呢？首先这个股就是股票（或股票组合体，即指数），股权，这玩意儿实质上就是一部分企业所有权。当然我是站在投资者角度谈的，我们股民不可能拥有整个企业，通常情况下只是拥有企业的一小部分股权。虽然从企业角度看只是很小一部分，但对我们来说可能是动用了全部现金流，尤其像我这样的人，全部身家都压在了这一小部分股权上，所以早已不是一点点股权，而是全部的希望。那是不是应该投入全部的精力和智慧去对待呢？

所以我们要像找老婆或找老公那样去找公司。如此我们才能少犯错误，少犯错误才能赢得这个"输家游戏"。什么意思？我们炒股就是想赢，想赚钱，怎么是输家游戏呢？难道说炒股的都是输家？我不是这个意思。我是说炒股这个事是输家游戏，谁能笑到最后，取决于谁犯的错误更少。在股票市场里，每个人都想赢，但是股市这个赌性十足的市场绝不是一个可以共赢的地方，那些扬言要打败市场的人，最后的结果却往往事与愿违，没有兑现诺言。在我看来，股票市场是一个典型的输家市场，这个"赌博游戏"是一个输家游戏。所谓输家游戏是针对赢家游戏而言的，在赢家游戏里，结果是由赢家的技高一筹决定的，也就是说胜负由游戏的一方战胜另一方而决定；而在输家游戏里，结果则往往是由输家的错误决定的。股市里铩羽而归的投资者都是自己打败了自己。

我们要赢得比赛，就要少犯错误。

华尔街有句名言，有老飞行员，有大胆的飞行员，但是没有大胆的老飞行员，因为那些都摔死了。股市也是如此，它就不是逞强的地方，比的是行稳致远。

在股市要做到行稳致远，前提是正确理解企业，就是我说的"大股"，以股为大。老巴说，商学院的投资课程只要两门就可以了，一是如何评估一家企业的内在价值，二是如何面对市场的波动。这与我的体会不谋而合，正确评估一家企业，然后利用好市场波动做恰当的低频交易，可谓之"大股""小市"。

前面说了"小股大市"，又说了"大股小市"，有没有中间地带呢？有，就是中股中市，或叫"股""市"平衡，大白话就是一半一半，一半资金搞"大股小市"，一半资金搞"小股大市"。具体怎么玩，要看各位的年龄、偏好以及投资段位了。今天的我已不再年轻，追求的是行稳致远，历经震荡后悟出"大股小市"，并坚定地踏上"大股小市"之路。

（三）认识两位先生，做到"市场为我所用"

要正确认识大股之大，还需要认识两位先生：市场先生和价值先生。巴菲特的老师格雷厄姆把市场比作"市场先生"，查尔斯·埃利斯说企业是"价值先生"，虽然都是先生，但其实它们有着本质上的差别。市场先生对应的是价格，它只会告诉你交易的价格；价值先生对应的是价值，它会告诉你什么是你得到的价值！

"市场先生"是格雷厄姆发明的一个经典比喻，对投资人有很大的启发意义。他说你应该将市场报价想象为一个名叫"市场先生"的人，他是一个乐于助人的热心人，每天都来给你报价，你可以从他手中买卖股票。这个可怜的家伙有着无法治愈的精神病，即便公司运营良好，市场先生的报价也不一定稳定。在他愉快的时候，他只会看到公司的有利因素，他会报出很高的价格，因为他怕你抢夺他的利益。在他痛苦的时候，他只会看到公司和世界的不利因素，他会报出很低的价格，因为他害怕你把股票甩给他。如果你今天对他的报价不感兴趣，他明天还会给你带来新的报价。但是否交易，完全由你选择。

从短期来看，市场先生似乎总是主导着市场，但是从长期来看，价值先生才是最终的股价推动力。投资者要想在股市中长期获利，必须学会区分市场先生和价值先生。

大家有没有想过市场先生是谁？它就是市场中无数的投资者。无数的投资者交易买卖而得出股票的价格，这个价格会变来变去，乐观的时候会涨得很高，悲观的时候又会跌得很低。另一方面，价值先生则相对沉默、木讷，给人以无聊的感觉。但实际上价值先生却在最被忽视的情况下做着最重要的工作！它日夜操劳，研发、生产、销售商品，提供服务，日复一日地在车间、工厂、仓库、商店里忙碌，承担着真正的经济工作，创造真正的价值。

从长期来看，股市投资的回报是确定的，且远超过债券等固定收益品种，而波动也是股市投资之路中获取超额收益必须承受的代价。市场先生虽然有时会错得离谱，但最终会干得不错，上市公司的基本面决定了投资的收益。

明白了这两位先生，我们就明白了大股的真正意义和价值，牢牢抓住企业这根线，规避市场情绪的冲击并能利用市场情绪。

（四）大股的股，大股的大

我们需要寻找什么样的企业？我觉得关键就两点：成长性、持久性。也许有读者觉得我不专业，觉得应该先研究宏观，国内外宏观大势；然后到中观，行业梳理；最后是微观，筛选企业。但我不这么认为，我认同宏观很重要，但是对炒股的人来说，不需要研究宏观，也研究不清楚，我们该关注的不是宏观事件本身，而是宏观事件的实际影响，或者说结果。我们需要的是乐观心态，就是要相信世界大势、人类潮流滚滚向前，不管中间可能经历多少曲折，世界终归会越来越好，这是我们投资的根本。如果你很悲观，认为世界越来越糟糕，世界末日迟早要来，那还投资干什么呢，吃好喝好洗洗睡了就完事了。所以我常说我们最不该关注的恰恰是大家普遍关心的事，比如经济危机、金融危机、通胀通缩、加息降息、战争等，这些在我的投资理论体系里不值一提。落实到具体投资上，我们该关心什么呢？我觉得最该关心的是宏观事件发生后的估值变化，简单说就是关注估值。看到这，你可能还有疑惑，觉得那不对呀，比如俄乌冲突，这么大的宏观事件不需要关注吗？这个问题好。不是不关注，作为投资者，我们关注的是冲突带来的资产价格变化，假如我们看好并跟踪的资产因冲突而出现恐慌性下跌，则恰好是我们买入的机会，因为冲突砸出来的坑也必将因为冲突的结束而被填平。明白了吧，我们的目光始终盯在"股"（企业）上，包括经营价值和估值变化，并动态评估企业处于生命周期的阶段，这是本书理论的核心落脚点。我们要做的事其实很简单，就是客观并理性看待一切，离开这个，我们的投资就是无锚之船。

企业最大的价值在于成长性，未来可期。一家企业即使资产很少，但盈利能力很强，增长很快，增长可持续，这才是我们要寻找的好企业，因为它有未来。企业如人，人活着要有意义，怎么样才有意义？就是要有发展，有未来。一家公司资产很多，但盈利能力弱，日薄西山，说明资产质量差，肯定是不行的。

需要特别强调的是，大股的股，是一个时代的动态的概念，一个时空的概念，它的价值研究必须放在时空背景下。比如30年前追逐的价值，30年后可能归零了。有个故事，一个金融家死后很多年，他的保险柜才被打开，大家发现他精心保存的那些证券根本没有价值，他的遗产继承人也十分不明白，他到底在想什么，留着这些垃圾到底有什么用。咋回事？就是说金融家最看好的证券，在多年后一文不值。我们必须有动态跟踪评估资产价值的能力和毅力。

（五）"大股小市"理论内涵

"大股小市"投资理论从本质上讲是长期收益模型，是企业价值创造

（利润）推动的上升曲线。因此，它最大的立足点是企业的长期经营价值，最大的风险是企业经营的风险，如何洞察企业长期经营价值及识别经营风险至关重要。如此，我们的投资就简单了。

这一理论的执行分五个层面理解：

（1）企业经营价值。企业有没有长期经营价值，即长期的成长性，决定了我们选不选这家企业。

（2）企业估值。企业估值偏离度，决定了我们的操作行为。重点跟踪评估企业估值是否严重高估或严重低估。

（3）企业经营能力跟踪评估。企业出现持续经营能力不足，已经触及或即将触及天花板，或因其他原因导致持续经营能力趋势向下，我们必须清仓离场。

（4）低频交易。不轻举妄动，追求低频交易，低换手率。

（5）欢迎下跌。该理论的三条建仓线均建立在一定跌幅上。

大股（企业或企业组合体）之大，是我们对待投资事业的态度；大股之股，是我们投资事业的核，是我们滚动的雪球。

这一理论对投资人的综合能力要求极高，尤其是洞察力，它决定了认知深度和广度。就我个人而言，对部分企业或行业的认知即使不能说处于巅峰，起码也是位于高岗之上，比如我对高铁、中药、白酒、新能源、奢侈品、硬科技、科技互联网的研究，在深度和广度上都具有绝对优势。

本部分阐述了本书的核心思想，意犹未尽，后面的章节会从不同侧面梳理我的投资思想。

（六）"大股小市"理论运用

1.适用范围及基本要义。

本理论广泛适用于各类基金及股票的投资。

选择你长期跟踪并深入研究后认可的标的（建立股票池），基本面长期向上，成长空间广阔，纳入标的池耐心等待介入机会，等待因各种原因导致的股价非理性大跌，而且这种机会一定会出现。若不善于选股，也可选择指数。

运用科学适当的交易策略，控制风险，扩大收益，增强持股体验。

2.具体操作步骤。

（1）锁定标的。锁定目标，圈进池子。

（2）建仓。策略上采取"30、50、70建仓法"，即下跌幅度进入30%区域、50%区域、70%区域出手。要特别注意，这里的跌幅是一个区域，是一个考量区域，比如30%这个区域，它要求：20%<跌幅<40%，30%（跌幅）是中值，中值−10%与中值+10%分别为左侧值（跌幅20%）、右侧值（跌幅40%）。另外两个建仓区域以此类推。中值为衡量坐标。

"30、50、70建仓法"分三条建仓线，第一建仓线为30%区域，我把它称为"砍头斩"；第二建仓线为50%区域，我把它称为"拦腰斩"；第三建仓线为70%区域，我把它称为"膝盖斩"。

举个例子：一家市值100亿元的上市公司，被我们锁定为目标建仓标的，经过综合评判，决定按第一建仓线进行操作。第一建仓线为跌幅30%区域，中值为100−100×30%=70亿元，即下跌30%后的市值；左侧值为100−100×20%=80亿元，即下跌20%后的市值；右侧值为100−100×40%=60亿元，即下跌40%后的市值。则得出该股建仓区间为市值60亿～80亿元。

第一建仓线适用于牛市初期（见注），投资者因恐慌、犹豫、判断错误、资金没到位等原因错过熊市中后期、熊市末期的建仓机会，那就需要抓住牛市初期的建仓机会，否则将错过整轮牛市。这个时期市场特点是触底回升，走势一波三折，但阶段性底部在抬升。该阶段调整周期一般为几周或几个月，短暂回调后牛市继续，出现大的回调即是买入机会。第一建仓线适用范围较广，具体跟踪的方向应结合时代背景来研判，当下应重点关注品牌消费品、大健康（医药、医疗等）、硬科技、科技互联网、新能源、数字经济等。

【注】牛市分为初期、中期和末期三个阶段。牛市初期大盘触底回

升，板块轮动，波动较大，但底部会不断抬升，投资者情绪从绝望中逐渐恢复过来，投资热情逐步上升，形成初步赚钱效应，为牛市奠定基础。牛市中期是股票全面爆发时期，基本上是一个普涨行情，赚钱效应最强。牛市末期赚钱效应开始下降，股票会出现分化，投资者在牛市末期需要逐步减仓。

第二建仓线一般适用于牛市见顶回落后的调整市，即熊市，调整周期往往较长，这一阶段会有各种负面信息导致的多次崩盘，进入熊市中后段，价值由高估进入低估，正是我们收集优质企业筹码的绝佳机会，应积极吸筹。该建仓区域重点建仓对象为长期价值突出的稀缺性资产、品牌消费品等，该类品种攻守兼备。

第三建仓线一般适用于极端情况，市场在多重利空下信心尽失，市场仿佛只剩下了恐慌，价值严重低估，这往往是熊市彻底终结的信号，恐慌情绪会在这个区域发泄完毕。从买家的角度看，第三建仓线是用来兜底的，这个时期应果断提高仓位。可重点关注恒生科技、科创板、创业板等科技板块里科技属性较强的硬科技或平台类企业，以提高组合的进攻性。

另外，不管牛市、熊市还是横盘振荡市，有一种机会一定会出现，就是特殊事件导致的行业或个股走势脱离市场，出现极速下跌，但该事件并不会改变或降低优质企业的长期经营价值，我们称之为优质个股（企业）被错杀，理应买入。至于适用哪条建仓线，要根据具体情况分析研判。

总体来说，"30、50、70建仓法"天然地与估值紧密联系在一起，建仓区域市场估值处于合理、低估、严重低估区域，因该策略拒绝在牛市中段、后段建仓，也就天然拒绝了高估值。我们大的买入机会主要集中在几个时段：熊市中后段，牛市初期，意外事件导致的短期快速崩盘、优质个股被错杀。比如三鹿奶粉引发的"三聚氰胺事件"导致奶制品全行业暴跌，龙头企业伊利股份被反复证明不存在这个事，但没用，股价照样跌跌跌。酒鬼酒"塑化剂事件"导致白酒股全线暴跌，尽管茅台酒经反复检测没有任何问题，但依然跌得面目全非。具体建仓时机、建仓比例还要结合具体市场、板块、估值等因素评估，这里无法给出具体建议，没有可依赖的公式，这正是投资的难点所在，我们只能以全部的功力去估量，无法做到科学、精准，越往深处走越倾向于境界或者艺术。但不管在哪种机会下买入何种资产，有一点是确定的，我们只买入价值长期向上的资产。

该建仓策略基于股市一定会调整的基本规律，具有广泛的适用性。这一理论对股市下跌持欢迎态度，真正理解并执行这一理论的投资者面对股市下跌时会心情愉悦，甚至兴奋。

最后补充一点，跌破第三建仓线（即跌幅超过了80%）怎么办？这个事我思忖再三，觉得有必要说一说。第三建仓线，即跌幅为60%～80%，中值为跌幅70%。这是"大股小市"理论的最后一条建仓线，跌破这条线，就超出了我们"大股小市"理论的范围，不予考虑。首先我们选中的标的跌幅超出第三建仓线的可能性微乎其微，即使百年一遇碰上了，跌幅超过了80%，我们也不再对该标的追加仓位，即我们的仓位是总量控制，通过总量控制来控制单一标的的风险。

（3）持有。未触及交易条件时保持姿势，按兵不动。

（4）减仓。一是战术减仓，策略上采取翻倍减仓法，即买入标的已实现翻倍浮盈时减仓，包括1/3或1/4降本法（减持1/3或1/4），也可采取成本归零法（减持1/2）；二是战略减仓，即出现明显的高估时减仓。

（5）清仓。触发清仓条件时果断清仓：因市场情绪亢奋导致股价严重透支；企业出现持续经营能力不足，已经触及或即将触及天花板，或因其他原因导致持续经营能力趋势向下。

然后进入下一个循环。闲置资金配置货币基金、债券基金、国债逆回购等低收益资产，作为未来购买权益类资产的期权，当有标的触发买入条件时可随时调用。

（七）股票市场上到底什么理论可以稳定盈利

说了那么多，还是要回到赚钱上，能赚到钱的理论才是好理论。我可以毫不客气地说，能赚大钱的都是价值投资派：第一类是格雷厄姆派，主张用清算价值作为标准，就是我把公司切开来卖，我的钱也能收回来；第二类是费雪派，也就是成长股一派，现在虽然买的不是那么便宜，但是公司未来会成长，我照样能赚到钱；第三类是巴菲特派，只要价格明显低于价值的伟大公司，我们都可以买，而且用现金流作为保证。

而现在，有了新派别，就是"大股小市派"，或者叫东东哥派，由东东哥创建，既要稳准狠，又要留有余地。相比前面这几类投资风格更优化、更具有实战价值，既解决了买什么的问题，又解决了时机问题，还解决了仓位管理问题；同时该理论对下跌持欢迎态度，对杠杆持开放态度。用我的"大股小市"理论看市场，思维导图清晰明了，这就是我面对股市的总策略。

对于真正有核心价值的标的来说，欢迎下跌，不考虑上涨，我们的思维里始终盘旋着理性、客观和自然的等待。我们之所以如此悠然，是因为我们知道，我们买入的标的一定会涨；如此我们的买入是快乐的，我们的等待是幸福的；如此我们的心态永远平和，耐心可以持久；如此我们就成了最幸福的投资人了。对比全球各门派投资理论，以幸福指数评比，最好的投资理论是什么？依我看，就是东东哥创建的"大股小市"理论，幸福指数爆棚。

为方便读者更好地理解"大股小市"理论，我用最简洁的语言把这一理论梳理如下：欢迎下跌（买入/播种时间），不考虑上涨（等待，伺机而动/喝茶时间），一定会上涨（收获/欣赏时间）。见图3-1所示。

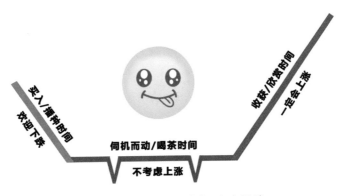

图 3-1　"大股小市"理论解读

同时为帮助投资者对投资理论对比研究，区分"大股小市"理论与传统投资思维，进而理解"大股小市"理论的先进性和实战价值，我特意对传统投资思维进行系统性梳理，如此投资者可以更好更快地掌握投资精髓。见图 3-2 所示。

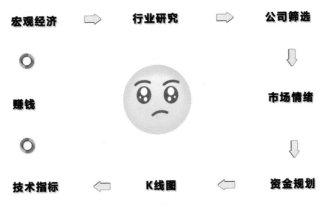

图 3-2　传统投资思维示意

可以看出，我的理论与过往的价值投资理论还是有较明显区别的。当然，我这么说有王婆卖瓜之嫌，让时间去验证吧！

二 摆脱"小人"思维：
以天空为界，建立新思维格局

人的思维是亿万年进化而来的，呈现普遍的、典型的"小人"思维，这里的"小人"不是指品行差的人，是指我们人类思维格局上有先天的局限性，我们要摆脱这种思维，要与自己做斗争。

比如我们计划一场旅行，为了节约一点机票钱可能花费很长时间搜集研究相关折扣信息，结果机票钱是节约了，却错过了最合适的旅游时机。比如我们每月领工资，突然发现这个月少了35元，立马放下手头的工作找人事部门质问凭什么扣钱，找财务调数据核对……终于几十元钱的事弄清了（可能就是某次迟到的缘故），可手头某件亟待处理的事情却耽搁了……

这看起来很正常，人嘛，都这样，只关心自己眼前那点事。但现在不一样了，我们要参与逆人性的事业——炒股，需要不一样的思维，要逆人性，要与自己斗争。

从今往后，你不再是你，你是另一个你，在思想上要来个乾坤大挪移。要以天空为界，建立新思维格局，思维空间无限大。

我们做投资需要有大的格局，大的胸怀。柏拉图说，格局大的人一般都会拥有良好的心态、敢于挑战的勇气与面对挫败的淡然。君子坦荡荡，小人长戚戚。作为投资人，我们需要大的格局应对市场的风云诡谲。我们不能哀怨忧愁，我们要心怀天下，大步向前，洞察未来，如此我们才能看到更广阔的天空，发现投资中的依仗。

流水不争先，争的是滔滔不绝。这境界很高了，不争即争，不争小而争大，不争近而争远。

把我们的注意力从蝇头小利上挪开，着眼长远，布局长远，才能拳脚大开，才能看见真正的价值。

说起来容易，想做到太难。斤斤计较是生活常态，关注眼前利益是人性使然。很多东西从我们出生就跟随而来。我们人类是群居性动物，为了生存必须合力御敌，趋利避害。我经常跟身边人说，人性这东西想改变太难，但想投资成功必须改变。

那么人性究竟是什么？它是人类进化了千秋万代，形成的一系列生存习惯。在生活中，这些习惯可以帮助我们趋利避害。比如远古时期为了生命安全，为了更好地生存下来，规避野兽袭击，老祖宗们抱团取暖，组团战斗，这个基因就这么一代代传下来了。不仅人类，其他动物也一样，这是生存的本能使然。

亚当·斯密在《国富论》中的很多思想是直达人性的，比如自利、看不见的手、分工，引出自由市场和资本主义的基础。这是啥意思？自己想。

人类喜欢对自己有利，讨厌对自己不利的东西，在追求私利的过程中创造着社会财富。这些普遍性思维和偏好是人类基因使然，反过来，又强化了人类基因。

人类亿万年形成的"小格局"思维，具有广泛性、持久性、根基顽固性等特点，所以才有江山易改本性难移的感叹。难，并非完全不可能，这就是希望所在。我们看到确有少数人思维"异常"，口袋里有十块钱敢想一个亿的生意，一开口讲话就是未来二十年三十年……这显然是大格局，比如我们熟悉的马老师。这些人往往早期就意识到人类的思维局限性，然后有意识、试探性地去改变，去突破，表现出来就是"离谱""异常"，敢想敢干，长期坚持下来最终成为大格局的人。

在投资市场里，想要成功就需要成为少数大格局的人。这个市场的存在有独特的逻辑，不可能让多数人去赚少数人的钱，因为少数人根本负担不起，所以一定是少数人赚多数人的钱。那么当你的行为太符合人性后，也恰恰说明你已经深深陷入多数人当中，被少数人收割自然就是早晚的事了。

想要投资成功，必须不断战胜自我，克服人性的弱点。柏拉图说，征服自己需要更大的勇气，其胜利也是所有胜利中最光荣的胜利。但人类整个大周期下来形成的思维习惯，不可能一朝一夕就能改变，需要对自己狠一点，再狠一点，置之死地而后生。

所以要反复训练，破除掉人性的本能后，让大脑和肌肉产生记忆，才能在赛场上游刃有余。需要不断实践，我反复说过，投资是实践的艺术，知道和做到往往相隔十万八千里。

这就好比射门，我们踢球的人都有深切体会。你颠球再花哨没用，姿势再优美没用，关键是门前那一下要射得进去。必须不断用正确的方法练习，有时自己感觉练会了，可一面对后卫或守门员你又慌了，动作还是会变形。

投资要讲格局，那投资的格局到底是什么呢？这个必须回答，但需要先搞懂投资的底层逻辑。投资的底层逻辑，就是生活的底层逻辑。人的局限促使其内心趋于寻找能使自己感觉更安全、更稳妥的选项，于是大部分人彼此互为镜像，生活得小心翼翼，循规蹈矩，一生碌碌无为。正如凯恩斯所言，处世的智慧教导人们宁可依循传统而失败，也不愿意打破传统而成功。我们既然下决心做投资，要成功，就要敢于打破牢笼，敲碎一切，解放格局和眼光，重塑生活的底层逻辑。再说格局，我认为格局即全局、长局、大局。我们怎么样才能有大格局，这就需要从大历史、大方向、大角度、大意义、大价值去看待投资，有意识地锻炼这种思维方式。看全局就是着眼于长远，即对投资的认识有历史感，既能从过去看现在，也能从现在看未来，有一条脉络清晰逻辑可靠的路径。

落实到我们投资上来，格局就是从时代趋势、实业经营及整体估值的多维视角，认清行业、企业的发展规律，从企业的竞争优势曲线、商业模式曲线、品牌力曲线等核心的估值因素评判企业的成长性曲线，这个可以有波动，但长期趋势必须向上，永远站在赢家和时间的一边。

好吧，回到标题，以天空为界，什么意思？就是没有边界，我们要打破禁锢之锁，移除一切思维上的藩篱，那些云朵便不再是云朵，而是你遨游世界的卫队，神兵天将为你所用，你的思维穿越过往的你所有的想象。于是我们投资人化身为境，入境为道，在静态与动态两个时空灵活穿越，任它风起云涌、惊涛骇浪，我自闲庭信步，从容以对。

三 四力合一 决胜未来

本部分开始要直面一些东西了，有些东西说出来很残忍，但又必须说。

炒股是需要天赋的。没有天赋，读再多书，炒股时间再长，也无法脱颖而出。我不是说要大家天赋异禀，思维通天达地，不是这个意思，而是说要具备一定的天赋，加上后天有针对性的训练。

每个来股市的人都觉得自己聪明，事实并非如此。我知道说这话会伤害一些人，但不说对不起读者。书里说这个，是我的责任。但在日常生活中，我是万万不敢说的，比如有人炒股20年了，读了一大堆书还是亏钱，问该怎么办？很简单，在股市里你就是个韭菜，没这个天赋，赶紧清仓远离股市。但你敢这么跟他说吗？不敢！于是说一大堆没用的投资建议，应付一下。

如何知道自己有没有这方面的天赋呢？两年，最多五年，如果你还看不到金矿在哪里，那就考虑放弃炒股吧！我是两年多开悟的，2007年开户，2009年底我跟老婆说我能在股市赚大钱，于是立马卖房筹钱投进来，2015年实现财务自由。我经常说，我看到金子堆到天上了，这就是说投资大机会来了，你要能洞察到。

炒股对个人能力要求极高。尤其我们散户，既是研究员又是基金经理又是交易员，一个人扮演好几个人角色，专业投资机构的每个角色背后都是一个团队，而我们散户只有自己。所以这对我们的要求特别高，要在每个角色上都特别出彩，这就需要非凡的洞察力、果敢的决断力、坚定的执行力以及"扫地僧"的持久力（耐力），四力合一才能笑傲股坛。

（一）洞察力

这个是先决条件，要求我们看待事物有穿透力，穿过层层迷雾看到朝霞，需要多层次思考力。你看不到价值在哪，看不到机会在哪，那怎么投资？

我想我们需要借助更高的智慧洞察天地万物，比如"缘起性空"，比如"世界，即非世界，是名世界"，等等，看起来很玄很绕，说有一个世界，接着又说那不是世界，最后又说，所以称它为世界。这就是辩证法，也是名与实的关系，名不等于实。世界作为"缘起"是真实的，不能因为缘起而忽略性空，也不能因性空而否定缘起。如此我们的认知能力会有质的飞跃。

对于一个企业的研究，我们需要这样的洞察力。不仅逻辑自洽，有时需要上升到哲学高度，需要艺术化的境界。需要在过去、现在和未来之间深度思考，让价值呈现出来。

投资比的是什么？排在第一的就是洞察力：对过往、当下及未来的洞察力；对市场的洞察力；对大的产业变革的洞察力；对公司的洞察力；对机会的洞察力。既要看得远，又要看得准。这对散户而言是非常高的要求，一个人挑起所有洞察任务。在专业投资机构要相对轻松一些，基金经理背后有投资委员会和研究部门提供支持，在一定程度上分担了洞察任务。

（二）决断力

决断力就是你洞察到大机会了，或者洞察到风险临近，该决断要决断，要当机立断，你不能优柔寡断。否则洞察力再强大也白搭，没法执行。

（三）执行力

洞察到机会了，也下了决断，结果到执行的那一刻你一哆嗦，手软了，那一切也白搭！坚定的执行力是性格使然，性格不具备就要用严格的纪律来实现。这事在专业投资机构好办，基金经理负责下交易指令，具体交易由交易部完成。我们个人投资者需要自己研究，自己决策，自己执行。本来决定好的交易策略，可能因为股价波动你就犹豫了。所以需要坚定的执行力，否则整个投资体系就会崩塌，所有的努力就会功亏一篑。

这个东西也是天赋问题。有人天生慢声细语，有人天生雷厉风行，有人天生粗枝大叶，有人天生谨小慎微，不一而足，没有对错好坏之分，但既然来炒股，我们必须认清自己属于哪一类，该怎么办。

（四）持久力

这个事之所以放在最后说，因为它本身有压轴属性。柏拉图说，耐心是一切聪明才智的基础。就是你前面洞察得再清楚，你慧眼如炬，你决断得再果敢，你执行得再坚定，但坚持不住，白搭。所以需要"扫地僧"的持久力，岁月如金，年复一年。

这里的坚持分为主动坚持和被动坚持。能数十年如一日主动坚持下来的，都封神了，比如巴菲特，一拿就是几十年；比如戴维斯家族，一只股票拿了三代人。这种坚持对投资来说是弥足珍贵的品质，历经时代变迁，见证时间的力量。

另一种是被动坚持。这里介绍两个遗忘了账户赚大钱的真实故事。

1万元到50万元

2008年9月，陈先生开通了股票账户，随后花1万元买了某只消费类股票，之后再无交易。2020年，营业部根据监管部门要求对开户账户进行自查，发现陈先生的账户留存资料长期没有更新，两年一次的风险测评早已过期，职业等信息也不规范。经对账户二次排查，发现账户有大幅盈利又长期没有交易，推断是被遗忘了。

客户经理曾多次到陈先生登记的地址，都没找到陈先生。2022

年9月，客户经理通过陈先生亲友获得了他的联系方式，与他沟通并告知情况。陈先生将信将疑，后来勉强想起来曾开过一个证券账户，买了少量股票。2022年10月10日，他带身份证到营业部现场查证，匹配开户信息进入账户后发现，2008年1万元买的股票市值已达50万元。陈先生表示，非常感谢工作人员，如果不是他们找到他，他也不知道他有这么多钱。

5万元变500万元

一位大连大妈在2008年用5万元买了长春高新股票，买入后不久就移民国外，时间一久忘记了账户密码，因为重置密码要回到大连那家开户的营业部，回国一趟不易，而且5万元对她来说确实不是什么大钱，所以一搁置就是13年。

直到2021年，大妈专程回国处理国内财产，出售了房产后，4月23日，大妈去营业部销户，一查才发现了个大彩蛋——昔日5万元已经变成了500万元。消息还说，当时大妈激动得都站不稳了，幸亏有营业部的人扶着。

类似的故事情节都是一样的，那就是自己的账户忘记了，从而被动踏入了投资的大境——超长期的坚持。这个事看似简单，但是它是刺向散户心头的一根针，反向解释了散户们为啥忙来忙去白忙活——拿不住。

总结一下，投资的四力合一需要你擅洞察、勇决断、敢下手、能坚持。这四点总结抓住了投资的要害，纵观全球，能做出如此总结的只有东东哥。

如此你就可以靠自己的智慧和四位一体投资系统稳定盈利。能够持有不动，享受巨大收益的人，世界上是罕见的。能做到手中有股，心中无股，主动遗忘，如此就进入了投资中的无我境界，则利润会追着你跑。

四　时代洞察，我们该投资什么、回避什么

有一句话对我们做投资很有意义：种植一棵树最好的时间是十年前，其次是现在。在投资中，我们时常懊恼错过了某某股票，以致与暴富机遇擦肩而过，但是我们绝大多数人一定会继续犯同样的错误，继续懊恼下去，因为很少有人会思考其中的缘由，并改正自己的错误思维方式进而有所行动。从今天起，我们要学会审视当下，思考当下该干什么，并鼓起勇气触摸未来。

（一）对 A 股的几点基本判断

（1）此时处于长周期大牛市的起点！受美国高通胀、新冠疫情、俄乌冲突三大利空因素冲击，各板块估值基本都处于历史底部！此时一定要敢于上车，因为三大利空随时会转变为利好，它们砸下的坑正是超额收益的朋友。因为高通胀不可持续，持续近三年的新冠疫情还能怎么样，也就那样了，俄乌冲突也不可能一直打下去。

（2）随着利空因素边际改善，股市将迎来困境反转，经济也将迎来困境反转走向复苏，二者叠加必将产生一轮大级别的牛市。

（3）随着注册制的推行，市场基础制度将发生根本性变革。目前注册制在科创板、创业板、北交所的试点运行良好，成效明显，向主板推行注册制的时机已然成熟，我预判明年（2023 年）上半年注册制将全面铺开，中国股市将迎来全面注册制时代。注册制下，将实现好公司快速进来，垃圾公司及时清退，市场将逐步形成进出有序的局面，新陈代谢通畅后市场机体将焕发持久的活力，指数将走出长牛慢牛行情。

（二）投资选择

1.抓时代。

抓时代，就是投资要投时代主题，抓住最具成长性和强爆发力的机会。

（1）硬科技：这是我们国家最大的痛点，是国家要重点攻克的方向，投资上我们必须参与，把握国家科技创新浪潮，具体操作上可重点关注硬科技代表板块——科创板。科创板是硬科技集中营，从中发现伟大的科技公司，个股方面我看好中微公司、金山办公等优质企业，当然投资个股需要考虑的因素很多，很难把握，比较简单易行的投资方式是通过科创50ETF参与。

（2）科技互联网：这些企业是时代的弄潮儿，商业模式创新的领航者。这类企业主要在港股上市，以恒生科技指数为代表，这些企业多是赚钱机器，走的是商业与互联网结合的路子，都是各细分领域的头部企业。投资上可选择其中的优势企业，也可通过恒生科技ETF参与，或者采用二者结合的模式。

（3）新能源：这是我国的优势产业，我们在新能源汽车产业链和光伏产业链做到了全产业链领先，综合实力全球第一，做的是全球的生意，在碳中和大背景下，新能源产业发展空间广阔。

①汽车产业链：新能源车仍处于高速发展期的前期，整个行业距离天花板还很遥远，产业链大而长，但不建议投资整车，因为其竞争激烈，不好把握，我们可以重点锁定战略资源锂和稀土，锚定上游，抱住中游，重点关注有锂矿的头部玩家、有锂矿有电池（固态电池）的一体化头部玩家、有稀土精矿又擅长加工的稀土领航企业。

②光伏：新旧能源更替进行时，光伏未来要成为发电主力军，未来电力需求将大增，新能源汽车的大发展也在放大电力需求。总体来看，光伏产业有大机会，但产业链过于庞杂，具体投资策略上我们可以通过光伏ETF参与行业机会，也可以通过可转债锁定那几家龙头企业，那几

家龙头企业都是全球化的优势企业，不会止步于一两千亿元市值。另外，也可以可通过碳中和ETF把新能源产业链打包买。

（4）医药医疗：深度受益于人口老龄化大趋势，人口老龄化时代来临对绝大多数行业来说都是利空，但对医药医疗是利好。而且这个东西跟我们日常生活息息相关，容易把握。你稍微做个调研就会发现，这个行业需求量将较快增长，而且是长期的趋势性增长。指数方面可关注中证中药。

①创新药：关注头部几家，研发投入大的，这玩意儿舍不得砸钱干不出来。

②中药：作为国粹的中药近年迎来了基本面反转（详情见后面章节），正走向世界，爆发力惊人，党的二十大已为中医药发展指明了方向。投资上我们要把中药作为重中之重，策略上可以采取我一贯的打法——中药龙头+中药ETF，如果你不知道中药龙头是谁，你就按市值大小排排看。

③医疗器械：老龄化大背景+国产替代+政策扶持等带来行业的春天，投资上注意头部企业的超跌机会。

2.投资能穿越时代、穿越周期的资产。

哪些资产能穿越时代、穿越周期？肯定跟人的吃喝有关的，比如消费品，不管时代怎么变迁，吃喝不能少。尤其是品牌消费品、高端消费、奢侈品，这类资产很好找。

3.投牛市。

投牛市就是基于牛市思维下做投资。我洞察到牛市要来，预计明年（2023年）三季度进入真正的牛市，最迟两年内牛市必到，如果你洞察不到牛市要来，那说明功力不够。先不要投太多资金，防止被收割，目前是牛市酝酿期（又称牛市初期），从酝酿期到真正的牛市还有较长的路。投资选择上我们要紧盯牛市"选手"，那就是成长股，就是从新兴产业里面找，如果你还是不会找，那就直接从成长板块里找，如果你不知道谁是成长板块，那我只能告诉你——科创板、恒生科技、创业板、专精特新板（北交所），如果这样还不行，那我有最笨最简单但效果还不错的办法，就是你干脆把科创板、恒生科技、创业板、专精特新板（北交所）打包买下来，通过ETF的方式（北交所目前没有ETF产品，预计一年内会推出），这样你就相当于把中国的成长股全买下了，我觉得这么干可以跑赢大多数基金经理。这些是能代表中国未来的成长性资产，未来这些板块指数会有惊人的涨幅。我把这个投资组合称为"东东哥最笨投资组合"（恒生科技30+创业板50+科创50+北证50），合计180只股票，堪称为投资小白量身定做的秘密武器，让投资小白可以在长周期内打败大多数专业选手。我预测这四个新兴产业宽基指数（恒生科技30、创业板50、科创50、北证50）未来50年都有百倍潜力（具体理由后面章节会有详尽阐述），如果你觉得50年太久，那我再斗胆预测一下未来5年，未来5年科技属性更强的科创50、北证50与恒生科技30会表现更好，预计涨幅3～5倍。如果你觉得5年时间还是太长，那我劝你赶紧销户离场，这个场子真不适合你，读再多书也没用。

在我看来，这几个指数是反映中国优质资产的核心指数，所以我在本书里会从不同角度反复谈到。未来某一天读者朋友有缘读到我的书，可以结合相关指数K线图验证我的判断。

说心里话，此刻我的内心是无比兴奋的，因为我看到牛市要来。从今天看未来100年，中国股市都是牛市（理由我后面会谈），全世界敢说这话的我是一个。我们将迎来指数的长期牛市，这与过往的"短命牛"有本质区别，所以我们要基于长期牛市思维投资未来，投牛市就是投资中国的成长性资产，中国成长性股权资产在未来100年的表现将遥遥领先于其他类别资产。今年（2022年）是中国股市夯实底部的一年，也是为百年长牛打牢基础的一年。要把指数投资当成未来投资重点，仓位上降低个股持仓，增加指数基金持仓，以增强净值增长的确定性。

4.回避被边缘化的资产。

时代在发展，产业在变革，新旧更替、动能切换不可避免。比如当下的地产、钢铁、水泥等已经从高速增长的产业走到夕阳产业了，已是明日黄花，不是说它们不重要了，它们依然是国民经济的重要组成部分，只是不适合二级市场投资了，投资它们很难获得好的回报。中国经济发展到今天，已经走过了粗放式发展阶段，从高速增长向高质量发展过渡，投资上我们要回避那些过气的产业、收缩性的产业，拥抱新兴产业。因为你投资这些夕阳产业，也许会短期获利，但你必须及时撤离，否则可能被长期套牢。为什么？因为没有成长性，时间就不在你这一边。表面看起来便宜，市盈率很低，但由于业绩趋势向下，它的市盈率可能随着时间的推移快速升高。当然，这是从行业角度看的，具体到个股需要具体评估。总体而言，夕阳产业就像水草丰美的沼泽地，你一旦踏入，深一脚浅一脚在那折腾，想走出来很不容易。

五　拨开迷雾，看见投资中的依仗

通过对全球资本市场发展历史与市场轨迹的梳理，以及多年的投资实践和思考，一些独特的感受向我走来，我想我发现了一些本真或接近本真的东西，这让我兴奋异常，我认为这些感受或发现意义重大，我要毫无保留地分享给大家。在投资视角下，纷繁复杂的股市呈现出一些简单可循的规律，可以作为我们投资实战的重要依仗。作为在股海中艰难探索的投资者，能发现它们是我的幸运，它们中的每一条都像金子一样闪亮，照亮通向成功之路。

（一）宏观即价格

宏观世界风云变幻，扑朔迷离，错综复杂，普通投资者很难研究清楚，因为一个宏观现象背后有很多其他变量，即使专家学者经过翔实的论证给出看似可靠的结论，也常常被后来的现实证明是错误的。那怎么办呢？很简单，看价格，宏观事件一定会影响资产价格，具体怎么影响，影响多大，我们不作判断，我们耐心观察，跟踪评估。

无论宏观决策还是宏观事件，对投资最根本的影响还是表现在价格上。一件事出来之后，从投资视角看，核心影响是看价格有没有变，比如指数有没有跌、股票价格有什么变化。当你拨开所有表面的东西、投资的迷障，最核心的就是价格。我们是投资者，只有价格对我们才有现实意义，我们根据价格变动评估胜率有多大，以作出应对之策。

（二）投资即概率

投资说到底是一个概率下的选择问题。不管是做长期、短期还是中期投资，也不管是技术派、周期派或基本面派等其中的哪一种流派，最终都指向一个词——概率，基于概率的选择或决策，不存在稳赚不赔的投资策略，胜率大的时候下重注，胜率小的时候少下注或不下注，如此多胜少负，也就站在了时间一边，站在赢家一边。

（三）股市≈牛市

股市下跌是偶然的，上涨是必然的。

短期看股市呈现随机性，长期看股市运行是有规律的，打开全球主要股指年 K 线图，比如纳斯达克 100、标普 500、道琼斯指数、法国CAC40、英国富时 100、德国 DAX30、印度孟买 30 等，我发现一个有趣的规律——大家口中风险巨大的股市，长期看收益不断增大，风险随着时间的拉长而降低。我们可以清晰地看到股指长期沿着一个斜率向上攀登，背后的逻辑是利润推动，也就是说长期视角下股市≈牛市，为什么不是等号，因为过程中是有波动的。长周期看，这些波动犹如浪花，周期越长，浪花越小。如果我们更乐观一点，格局更大一点，那些波动何尝不是美妙的乐曲？如此理解市场，看透本质，我们就愉快地站在了时间一边，站在赢家队列。这就为长期投资或指数投资提供了重要支撑，并可利用波动扩大收益。关于这一观点后面章节会有更深入研究。

（四）杠杆有理，杠杆成就草根

杠杆的确是一把双刃剑，这个是普遍认知。投资名家里因加杠杆倒下的不在少数，比如利弗莫尔、格雷厄姆等。但也有因为用了杠杆而获得巨大成功的，比如索罗斯、老戴维斯（戴维斯家族第一代投资大师）等。关于用不用杠杆，股神巴菲特的观点影响最大，让投资者对杠杆望而却步，巴菲特说不借钱、不做空、不懂不做，影响了一代又一代投资人。我觉得有必要深入聊聊这个话题，巴菲特的投资模式是独特的，他始终有源源不断的现金流，他当然不需要借钱，但我们深入思考一下，他很少卖股票，每次遇到股灾却总是慷慨抄底，资金从哪里来？其中一个重要资金来源是保险浮存金。我们看下这个资金的性质，保险浮存金在财务报表里是应付账款，应付账款是负债，几乎零成本的负债，那你用这个资金去投资，我是不是可以理解为用低成本的杠杆资金去投资？所以巴菲特的投资其实是自带杠杆的，只是不同于普通意义上的杠杆，这也是他取得超额收益的重要因素。杠杆广泛存在于各个市场，比如大家都熟悉的住房按揭贷款，那就是银行帮你加杠杆买房，是有其合理性和积极意义的。

所以，总体上我对杠杆持欢迎态度，我在多个场合都表达过这个看法，尤其对于草根阶层，可以考虑在深度研究的基础上合理适度使用杠杆，以丰富投资选择和操作空间，并有望推动其财富加速增长，增加实现阶层跨越的可能性。需要强调的是，那种抱着侥幸心理想一夜暴富加杠杆的行为，大多会翻车，是极其危险的。

（五）指数＝满仓

仔细研究就会明白，一个指数其实就相当于一个永远满仓的产品。从成熟市场看，随着市场越来越有效，指数投资的优势越来越明显，主动基金很难打败指数，主要原因有：

（1）主动基金一定会犯错，而指数不会；

（2）指数拥有自我优化、自我迭代的机制，换手率很低，而且保持了一个开放的态度，谁做大了，谁就被调进指数，而且进去后就长期保持，直到它不行了才被剔除。在指数中，不会因为它涨得过多就被减仓，而是恰恰相反；

（3）牛市越来越长，高仓位占优，指数是天然的满仓。

基于这一认识，在投资选择上，我们可以根据目标作出更确切的设计，比如想与指数保持一致，我们可以满仓买指数产品；如果想战胜指数，我们就需要择时或者运用杠杆，或者择时与杠杆并用。

以标普500指数为例，该指数被广泛认为是唯一衡量美国大盘股市场的最好指标，成分股包括了美国500家核心上市公司。买入跟踪标普500的产品，相当于打包满仓购买了这500家公司。

第4章 两条线探寻股市的规律

我把两条线单独写一章，内容其实很少，有必要吗？太有必要了。这说明它价值大，价值连城。

解释一下，我这里探寻的是股市的一个规律，所以并不是领悟了本章就领悟了股市的所有规律。想完全掌握股市的规律只能去求助上帝，非人力所能及。其实已经够了，领悟本章内容，就解决了在股市生存的基本问题。

好吧，我们一起找出规律。

一 死胡同的诱惑

炒股主要分短线和长线。本部分谈短线。

短线也有很多做法，主要分两种，一种是技术分析，一种是纯粹的炒题材、炒热点，目前技术分析有不少比较成熟的理论，而炒题材、炒热点没啥理论，就是拼胆量、拼速度、拼想象力，我这人好奇心强，都体验了一遍，导致炒过的股票特别多，有1000多只。短炒这玩意儿有巨大的魔力，让人上瘾，让人始终有可以获胜的自信和错觉。

先说说技术分析。所有的短炒技术分析理论，听起来好像是那么回事，其实很玄、很虚，总结起来就一句话，因为上涨所以上涨，因为下跌所以下跌。纵观全球，靠短炒发大财的常有，但长期观察下来，到最后是一场空。所以我不主张大家短炒，但我又知道大家一定会去短炒，那怎么办呢？弄点小资金玩玩可以，娱乐消遣可以，但要知道并接受一点——娱乐消遣都是要付费的！

下面我就以娱乐消遣的心态谈谈短线。短线快速拉升吸引着太多人的目光，它创造的财富幻觉对投资者有致命诱惑，就像我前面说的，你有100万元，每天只需要挣1%就离场，那么以每年250个交易日计算，两年后你就可以坐拥1.45亿元财富！这种好事怎么想怎么美，能抵御这种诱惑的人实在太少，只有少数人被市场反复教训后迷途知返，更多人深陷其中不能自拔。那些看似正确的短线理论，激励着一批又一批炒家前仆后继。

短线依赖技术分析，技术分析有三大假定：市场行为涵盖一切信息，股价具有趋势性运动规律，历史会重演（空间和时间里存在可以复制的模式、资产价格运行遵循可预测的模式）。常见的技术分析方法有"量价"理论体系、"相对强度"理论体系、道氏理论、过滤法则与止损指令。技术分析只关心证券市场本身的变化，借助各种线判断方向，比如大盘线、板块线、KDJ指标、MACD指标等，多种指标结合，灵活运用。

大盘走好，并且处在一个比较明显的大行情当中，短线胜率会大幅度提高，我把它称作概率中的概率。交易标的选择热点题材板块的强势龙头股才能实现快速获利。等待是短线炒家的先天缺陷，他们就是要快，现在马上立刻。这里要特别强调一下，做短线者眼里的龙头股，与基本面、行业地位意义上的龙头股不是一码事，它指的是升势最猛的那一个。比如说几年前炒5G通信，龙头股是东方通信，事实上这家企业是啥情况大家都清楚，但不妨碍资金炒作。

关于KDJ指标，我们可以看60分钟和30分钟KDJ，以60分钟为主，金叉向上意味着短期要上攻，死叉向下意味着短期要调整，一般在60分钟即将金叉并在30分钟没有出现死叉向下时出手。

MACD指标是短线重要工具，是移动平均线的聚合与分离。MACD指标是根据均线的构造原理，对股票价格的收盘价进行平滑处理，求出算术平均值以后再进行计算，是一种趋向类指标。MACD指标是运用快速（短期）和慢速（长期）移动平均线及其聚合与分离的征兆，加以双重平滑运算。根据移动平均线原理发展出来的MACD指标，一是去除了移动平均线频繁发出假信号的缺陷，二是保留了移动平均线的效果。因此，MACD指标具有均线趋势性、稳重性、安定性等特点，是用来研判买卖股票时机、预测股票价格涨跌的技术分析指标。MACD指标从负数转向正数，是下注信号；MACD从正数转向负数，是离场信号。这玩意儿是趋势性指标，可用于对趋势变化、底部、顶部的判断。

当然，要提高胜率需要综合判断，要有坚决的执行力。实践中我们确实有短期获取暴利的可能，但长期这么做下去又几乎没人能赚到钱，因为它本身就是赌概率，再者人毕竟是人，执行上无法做到彻底。退一万步讲，即使有钢铁般意志、100%执行力的人，最终还是要完蛋，因为我们通过前面各项技术分析出来的操作方向，即使那一刻是对的，也下注了，但一个突发事件顷刻间打破了趋势，我们的一切努力都将化为泡影。你也许连续做对了很多次，赚了很多钱，但一次大的意外就清零了。玩技术最终鲜有成功者，包括技术派的大师们，红极一时的有，持续成功的没发现，破产的、自杀的倒是不少，这里就不点名了，太残酷了。

为什么结局如此悲催？因为这种做法本质上与赌博无异，你见过几个人靠赌博发大财的？反正我是没见到，家破人亡的倒是不少。所以说，一旦入赌局，结局早注定。

这么干下去，没有未来，就是在死胡同里东冲西撞。但现实中太多人钻进死胡同，出不来。关于短线的事我就简单说说，若展开讲，单一个KDJ指标或MACD指标一万字也讲不完，费神费力却没啥意义，至于炒题材、炒热点，纯属算卦，瞎耽误工夫，炒来炒去一地鸡毛。所以短线这个事，大家知道有这么回事就行了，要把主要精力放在我的"大股小市"理论上,走进快乐人生,长期妥妥地稳定盈利。

看到这,我知道多数人心里依然是不认同的,为了让大家早日踏上正途,发自内心地取"长"避"短",下面我说说技术派普遍关注且认可的五日线。(见图4-1至图4-4)

图4-1　上证指数五日线(2022-10-17至2022-10-21)

图4-2　纳斯达克100指数五日线(2022-10-17至2022-10-21)

图 4-3　标普 500 指数五日线（2022-10-17 至 2022-10-21）

图 4-4　道琼斯指数五日线（2022-10-17 至 2022-10-21）

为了更形象地说清楚短线思维的盲目性，我把多条五日线放在一块看，这样更容易说清楚，读者也容易理解。上面那些技术没法说清楚，只会越说越糊涂，除非你信仰它。对于那些技术，当局者自己也是模糊的，即使他们面对镜头和主持人时讲得头头是道。

为什么选五日线？因为一周五个交易日，事实上相当于我们分析观察一周的行情，这个多少还体现了一点点耐心。好的，我们看看能发现什么规律。先看线，用心看十分钟，要像小朋友看图画找规律一样，好奇而认真地看。

从五日线看，上证指数、纳斯达克100指数、标普500指数、道琼斯指数呈现共同的特征：盲目性。像是一个漫不经心的散步者，用《随机漫步的傻瓜》做比喻最恰当了。可不是嘛，一个典型的神经质患者，随时低沉，随时亢奋，又漫无目的，完全由情绪驱动。我们若跟着它走，掉坑里是必然发生的事。

细心的朋友可能发现了规律，并为此窃喜。纳斯达克100、标普500、道琼斯指数这三条线走势趋同，这三条"心电图"趋势相同，只是跳动幅度不同，这难道不是规律吗？乍一看还真是那么回事，其实不然。你以为发现了宝藏，其实只是相同时空、相同宏观背景的反映，这三大指数都是美股指数，且这三条线是在同一时间段。

为了让读者心服口服，深刻、形象地理解，我举个有代表性的例子。价值投资的开山鼻祖格雷厄姆有十一个徒弟，也是十一个员工，就是他资产管理公司的十一个员工，除了一个英年早逝，剩下十个全是股神，长期年化收益率都在两位数，其中巴菲特最有名，全世界都知道巴菲特，因为他独特的商业模式以及庞大的资产规模太过显眼。但是你如果去仔细研究格雷厄姆的十个员工，你会发现每一个人都是白手起家，通过股市成为亿万富翁的。那你告诉我，当一个老师所有的徒弟全部成为股神级别的人，说明什么？说明他的方法吻合股市内在规律，是正确的，并非偶然。我为什么说技术分析是死胡同，因为几乎没有人能靠技术分析长期成功，甚至包括各类技术分析理论的奠基人，有哪个靠他的理论发财的？所以我们该怎么办，就很清楚了。

我的结论就是：看短线走势炒股是死胡同，至于市场上流行的量化交易、机器交易，那是另一回事。

最后我要声明，我并非贬低短线，我自己也会参与，我只是呼吁大家少参与，小赌怡情大赌伤身，适可而止，权当娱乐。最终还是回到企业基本面上来，回到基于人类发展最基本的规律上来。

二　踏上牛途　迈向光明大道

本章我选取两条线解读股市趋势，五日线和年线，通过五日线观察股价短期走势，通过年线观察长期趋势。五日线上节介绍过了，本部分介绍年线。

我们看年线，年线我们先看美股，这样会让人心情舒畅。是不是很震撼，很惊讶？一根根红彤彤的阳线，阴线找不到几根，这阴线实在太稀缺了，妈呀，超级大牛市，长长的大牛市！感觉是傻子都能看出来的大牛市！比较一下美股三大指数年K线图，涨幅有差别，但长期趋势一致，虽然美股这三条年线是各走各的，但趋势雷同绝非巧合。（见图4-5至图4-7）如此我们可以说美股长期趋势是向上的。从长期主义角度看，股市等于牛市，这个结论不该有争议。我们想象一下，股市百年的线条，可不就是财富火箭升空划过的轨迹吗?!

图4-5　道琼斯指数年K线

图 4-6 纳斯达克 100 指数年 K 线

图 4-7 标普 500 指数年 K 线

　　沃顿商学院西格尔教授的研究显示，从 1802—2003 年的数据分析来看，1802 年投资在美国股票上的 1 美元到 2003 年末已经是 579485 美元，这远远超过债券的 1072 美元和票据的 301 美元。

在西格尔教授的统计数据中，最重要的统计指标就是股市收益除去通货膨胀后的长期平均收益率，这个收益率在观察期内一直处于6.5%~7%，这意味着如果按照购买力衡量，在股票市场上投资者的财富在过去两个世纪里平均每10年翻了一番。

我们再看A股，作为新兴市场，A股最大的特点就是大起大落，频繁震荡，能从2000多点，跌到998点，也能从998点涨到6100点，还能从6100点跌到1600点……犹如科幻大片。

我们回头看年线，情绪稍微平缓些。（见图4-8）虽然上证指数年线柱子上下有点长，波动相当大，有三根柱子上面的尖尖要上天，特别是最尖的尖尖6124点，看起来吓死人，让人有跳楼的幻觉，但年线小楼梯还是能看到希望的。

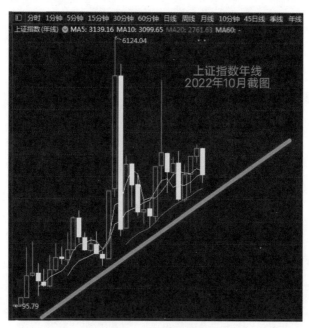

图4-8　上证指数年K线

我们数数，一眼看去，阴阳交替，阳柱多那么几个，实现阳包阴，总体感觉算凑合吧。但冷静下来看，作为新兴市场，A股表现还是不错的，大家看我在下面画的一根红线条，有没有发现秘密？A股长期是走牛市。牛市的标志就是底部抬升，沿着每年的底部画一条线，会发现它是以一个斜率向上的。

A股仅有30多年的历史，股市收益率也超越债券等固收产品的收益率。客观看待A股，1990—2007年表现还是很牛的，2007—2022年长期围绕3000点折腾，其中深层次原因后面章节谈。

我们A股和美股走势比较，虽然一个是波动大的新兴市场，一个是走势相对稳健的成熟市场，但长期趋势都是牛市。

那好，既然美股年线证明了股市长期向上，不断创新高，你肯定觉得，在这样的市场做投资太容易了。其实不然，亏损的依然是大多数。美股波澜壮阔的大牛线条里包括了漂亮50、小盘股行情、科技股泡沫、消费股黄金时代、生物科技泡沫、周期股复苏等行情，还包括了两次10年不涨、若干次金融危机，大家设想一下，你若身处其中，也必被折磨得体无完肤。回头看似乎一切就那么回事，觉得自己能行，遗憾的是大多数投资人都是短视的，天天看图看线，情绪随市场起伏。看看上节五日线那几张图，炒股者都在那里，随市场亢奋而亢奋，随市场低迷而沮丧，进入高买低卖怪圈，走不出来，也就看不到未来。

拥抱股市，把握牛市！长期看，股市等于牛市。所以站在时间一边，长周期下市场只有牛市，中间的起伏只是浪花而已。

规律找到了，牛市的轨迹清晰了。怎么走出牛市亏钱的怪圈呢？从成熟市场看，指数高位回落20%～30%参与进去是好的策略，具体结合市场估值判断。当然，这种策略也不能完全规避被套风险，这是参与股市必须承担的。我们站在时间一边，接受市场的一切，轻松踏过每一个高点。如此我们就踏上了投资的牛途，踏上了投资的光明大道。

来看看我们的上证指数，已过而立之年的A股必然走向成熟，也必将踏平一个个高点，包括看起来高不可攀的6124。展望未来百年，A股必将走出真正意义上的慢牛长牛。这是趋势，亦是规律，谁也阻挡不了。至于走出慢牛长牛背后的逻辑后面章节会谈。

在A股投资我们要研究上证指数，因为它历史最长，股票最多，但

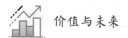

落实到投资上，展望未来100年，可以有更好的选择，比如中证500、上证50、沪深300、创业板50、科创50等指数，这些指数各具特色，各有侧重。

这里不谈个股，本章探讨的是市场整体机会。

第5章 实战启示录

一 抢入中国石油（A股），十年之痛

我为什么讲这个故事，因为有代表性，这是我被套得最牢固的一只股票，也是让我主动打量思考股市的起点。我想没多少人比我更惨了，运气背到极点了。能买到一只股票的历史最高价，请问除了我还有谁？初入股市的我是名副其实的股市第一倒霉蛋。

开盘价48元多抢到手，谢天谢地，终于抢到了。现在是什么价呢？我来打开软件看看，连当初的零头都不到。中国石油什么时间上市的呢？2007年。也就是说15年过去了，股价在当初的零头的基础上再打折，8元钱再打折。用网友的话说那是一路向南，死不回头！我的妈呀！要命啊！有小伙伴纳闷了，被套这么惨，你还显摆这玩意儿干啥呢？哈哈，真不是显摆，我是为了更好地阐述我的思想进阶之路。那些一味吹嘘自己多么神乎其神的"股神"究竟有多神，我不想评论，我只想展示真实的我，让大家看到，初入股市，我和大家一样，小白一个，一心想炒股发财，眼巴巴地看着被收割，毫无还手之力。也许有人说被套了没关系，拿着做股东，而且每年有分红。是的，做股东做定了，不管愿意不愿意。至于分红嘛，我只能呵呵了。

目睹股价高位大幅度滑落，持续绵软无力，没有任何像样的抵抗，让人无奈，无助，希望和信心被打到冰点。怎么办？不知道。但我知道，绝不能当逃兵，我要在市场里战斗下去才有翻盘的机会。我时常用里尔克的

诗句安慰自己——"生活哪有什么胜利可言，挺住就意味着一切。"

彻底失败的一次投资，估计很长一段时间也解套无望。那当初为什么要买呢？问题的核心就在这。不知道为什么要买，我啥都不知道，我只是开了户，在券商美女业务员的指导下下载了交易软件，学会了买入、卖出等基本操作。也就是说，我是货真价实的韭菜，纯度100%，不割我割谁？

操作上，一把梭，牛吧！最起码勇气可嘉，盈亏且不谈，气势必须有。

其实现在看，那时候的中国石油很容易判断。最简单的，你看看巴菲特在干嘛，趁着中国石油狂热，他老人家把手中的中国石油股票（H股）快速减持减持减持，持续减持，十几块的价格清仓走人，赚了两三百亿港币。你看看我牛吧，股神在港股市场十港币出头的价格清仓走人，我在A股48元的价格往里冲。我一个股坛小鲜肉敢与股神对着干，毫无畏惧，我可以发誓我那时一点都不怕他，为啥？因为那时我压根不知道他是谁，只知道个模糊的名字，我是后来才逐渐了解一些。那时股评家说巴菲特老了，他卖早了。现在看看这个事，股神不是虚的，而我，是个十足的小白。

不要嘲笑小白，能认识到自己小白，不藏着掖着，就有希望从小白走向牛人。如今我能很从容地面对股票回归，比如中国电信、中国移动、中芯国际等回A股上市，我扫两眼就知道高低，如何操作一清二楚，轮到我吃肉喝汤了，该谁站岗谁去。我就知道一个家伙跑去中芯国际站岗了，回A股上市当天他就冲进去了，问我怎么办，我说赶紧割，我不知道他割没割。开盘集合竞价好像是85元，盘中冲到95元然后一路向下，当时有知名大券商发研报说这个比茅台还稀缺，是不是很像当初中国石油A股上市时的场景？写到这里我忍不住打开软件看一眼中芯国际的K线，股价30多元。我记得中芯国际回A股上市那天，集合竞价刚结束，一个炒股的女生问我对这个股票怎么看，要不要买点，我说这个85元开盘价冲进去基本等于自杀，她一听吓坏了，不仅没买，还把打新中签的500股卖掉了，我算是救了她一命。我测算过，根据当时的基本面，这股票合理价值在25元到35元之间，85元买进去的是什么人？就是当年买中国石油的我。别误会，我并非说它就是下一个中国石油，我谈的是某个时段股票价格与价值的匹配度。我丝毫没有贬低中芯国际的意思，相反，我看好这家企业，这是一家很有活力的高科技企业，也非常契合我国新兴产业发展方向，行业地位举足轻重，未来股价创新高是有可能的，但这需要时间，需要持续的技术突破和价值创造。不管采用何种估值方法，中芯国际在 A 股的上市开盘价都显得过于虚幻。毫无疑问，上市开盘价买入的，需要等待的时间可能很久。

回到我自己这事上。我被中国石油套住了怎么办？亏了钱怎么办呢？亏了活该，谁让我不懂乱投资呢！所以我们要学会原谅自己的过错，原谅自己的不完美，学会与自己和解，亏损是盈利的必经之路。最重要的是，要从中学会反思，知耻而后勇，全力以赴寻找投资真谛，下定决心破解股市密码。

干啥不需要交学费呢，这么想你就明白为啥亏钱了吧？股市学校真正的老师只有一个——市场，不仅无情，而且学费高昂。学员分为两类，一类交了学费学有所成；一类学了一辈子也没出师，只顾着交学费为股市做贡献了。我显然属于前者，看看我后来在中国北车上的投资，堪称教科书般的经典之作，稳操胜券，进退有序。哈哈，一不小心又骄傲了，江山易改本性难移啊。

回到中国石油，截图给大家看看，跳崖式下跌有多么惨烈，然后是下台阶跳，再然后是死猫跳，看不到一丝希望。（见图 5-1）

图 5-1　中国石油（A股）
2007—2022 年年 K 线

对中国石油的投资是一记响亮的耳光，是一盆冷水，也是一剂良药，对我的成长价值连城。

二　搭上北车，从草根到财务自由

　　注意到高铁的投资机会和我所在的城市以及工作状态有关。我所在的城市是国内修地铁、高铁比较早的，当时建设中的南京南站据说是全亚洲最大的高铁站，所以我较早地接触到了这么个大家伙。又因为工作需要经常出差，乘坐地铁、高铁是家常便饭，我对这家伙的感觉慢慢就来了。所以我要感谢我所在的城市，以及迫使我不得不四处奔波的处境。

　　这个事从一个侧面说明了视野的重要性，找工作要去大城市，长见识。更重要的是，年轻人，不要迷恋安逸，你需要的是漂泊。

图 5-2　中国北车月 K 线（部分）

　　我带大家看图 5-2，边看边聊，看图说话。你看看，该股走势长期都平淡无奇，只有 2011 年初冲到 9 元区域，算得上一波小牛市了，这些与我无关，我在该股操作上是每月拿到工资加仓，不看价格，没有考虑卖出。

　　后面那几根月线可谓是风云突变，瞬间成妖。从月线可见该股 2015 年 1 月份开始加速上涨，几个月时间从 6 元涨到 42 元，实在震撼。正是这一波火箭发射，成就了我对自由的向往。

我记得第一次买入北车是 2010 年，买入策略其实是没有策略，因为没余钱，只能被动地每月拿到工资就去买，相当于现在流行的基金定投，持仓成本是五六元吧，多年总投入一百零几万元，主要就北车一只股，其他持仓可忽略不计。

没有人能理解我在北车上的煎熬，持股多年，也买入多年，持股过程真切感受到了"此恨绵绵无绝期"，除了财富缩水的压力，还有家人有意无意的责备，亲友的冷嘲热讽。压力最大的时候是股价向 3 元靠近的时候，真切体验到了绝望的感觉。那时我从无锡到了常熟工作，我深夜跑到长江边，散步到很晚很晚，不断向天咆哮，借助尼采的力量鼓舞自己——那些不能杀死你的，终将使你变得更加强大！有一次心里特别难受，一直在江边散步到天亮，当看到朝阳冉冉升起，那一刻，我顿悟了，仿佛拥有了战胜一切的力量，我的诗歌《生命的光芒》诞生了。直到 2014 年 9 月初，改变我命运的时刻，终于降临了。

北车究竟发生了什么，带来这么大的动荡？

2014 年 9 月初，媒体报道为方便中国的高铁技术更好地出口到海外，避免出现高铁出口恶性竞争问题，国资委正在力推中国南车和中国北车重新整合为一家公司，合并一事由国务院主导，已基本定调，但还在初步阶段，双方尚未接触和谈判。

南车、北车很快就发公告否定此消息。主流观点也普遍认为合并传闻为假消息，理由是鼓励竞争，防范垄断。

我的观点与大众不同，我认为南车、北车合并可能性偏大，这不就是我一直想干的事吗？在我的思维里我已经把它们合并好几次了，可惜我没这个权限，只能想想。时移世易，多数人犯了静态性思维错误，当初为什么分比合好，现在为什么合比分好，根本没去思考就拍脑袋说不可能。所以看到这个消息，我并不觉得突然。尽管南车、北车双方都发公告澄清说传闻不实，但我坚定地认为合并概率偏大（理由后面谈），一旦合并股价必然加速上涨，即使不合并，股价也会随着牛市向上，我觉得属于我的大机会到了！

结合当时较为明朗的牛市迹象，我一咬牙加了一倍杠杆，我说服自己不管合不合并那时加杠杆都是对的。后来的情况如我所料，合并！消息出来后连续涨停，印象中第七个涨停开板的，开板价格应该是11元多，只见超级大单疯狂出逃，晚间的新闻说保险资金、私募、公募等机构都在出逃，吓死人！正常人看了那些报道很容易得出该股要歇菜的结论，我没有被开板吓到，反而认为是机会，从整个市场看，牛市氛围刚起来，远没到疯狂的时刻，所以大盘距离顶部还远着呢，牛市里这么大的题材，股价不可能只翻一番，所以看到开板我立马清空所有筹码，先融资买入，再用自己的钱买。看到这里也许读者会认为我疯了，我可以负责任地说，我没疯，我很理性，当然也很乐观。该股接下来的走势也如我所料，随大盘上升而上升，只是比大盘升得更快，后来随着股价一路上扬，我一路加杠杆（因为股价上涨就会带来杠杆空间）直到趋势结束。

后来走势大家都看到了吧，几个月升到42元，回头看，这个价正是北车的历史最高价。（见图5-3）当时大牛市高歌猛进，看那气势大盘要突破6000点，攻上8000点也是可能的，甚至有人喊出沪指万点不是梦！总之是大家都沉浸在牛市的快感里。

但从我个人来说，我必须保持理性，在大盘（这里的大盘指的是上证指数）突破4000点的时候我就在考虑卖出的时机了。理由很简单，太热了，看涨情绪主导了一切。最终大盘突破5100点后出现疲态，多空双方几番激烈争夺后掉头向下，该股随大盘趋势向下，我经过反复思想挣扎后给了自己明确的结论：大势已去，是时候离开了！

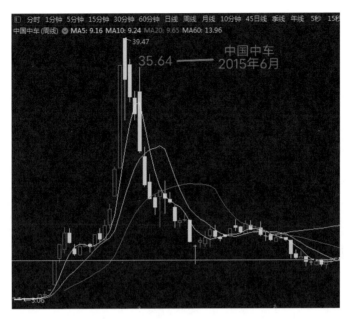

图 5-3　中国中车月 K 线（部分）

我是怎么卖出的呢？这事得好好说说，还不一定说得清楚。我没有在北车上减持，减持的时间是在合并完成以后，股票已在中国中车里了，合并完成以后我成了中国中车的股东了。中国中车 2015 年 6 月 8 日上市，按新股上市，发行价 29.45 元/股，上市当天中国中车 A 股一字板封涨停，股价报 32.4 元/股。第二天（6 月 9 日）中国中车 A 股集合竞价涨停，报 35.64 元（截至今天，这个价格是中国中车 A 股上市后的历史最高价），正式交易开始后涨停板被大资金砸开，几番激烈争夺后多方败下阵来，股价快速下行，收盘跌幅高达 9.32%，盘中更是一度跌停，一天之内从涨停到跌停，股价报收 29.38 元。我是在 6 月 9 日上午开始减仓的，我初步判断该股大势已去，果断拿掉杠杆，第二天继续弱势，我卖出一半，第三天依然回天乏力，我果断清仓走人。我的卖出均价在 30 元附近，是在中车触顶回落的过程中分批卖出的，为什么不在最高点卖？因为不回落就不知道哪里是最高点，因为泡沫大了还可以更大。正如格林斯潘所言，泡沫是很难确定的，除非它破了。当然，对我来说实际是高于这个价的，因为根据方案，本次合并中，中国南车和中国北车的A股和H股拟采用同一换股比例进行换股，合并的具体换股比例为1∶1.1，即每1股中国北车A股股票可以换取1.1股中国南车将发行的中国中车A股股票，每1股中国北车H股股票可以换取1.1股中国南车将发行的中国中车H股股票，所以合并成中车后，我的股票数量多了10%。不知道大家明白了没有，估计被绕糊涂了。这段经历太丰富了，太精彩了，若非亲历，这些事理解起来还真是云里雾里。顺便嘚瑟一下，透露个模糊的数，我在该股上的盈利为八位数，具体数字我就不说了，家庭财务是一个家庭的核心机密。总之我通过这一只股票一举实现财务自由。那一刻，我知道我们家迎来了新的境况，实现了草根逆袭；那一刻，我想到的不是我，我发自内心的呼喊响彻宇宙：这小子有福了！这小子指的是我儿子，他不用再像我一样，为基本的生活惶恐不安了。

自那以后，我在家里就彻底翻身了，我从一个被嘲讽的炒股败家人物成了家族里公认的神奇人物——"股神"。好在我有自知之明，没有飘，否则早就亏光了。你看看那些在2015年赚到大钱的，以为自己是股神的，结局怎么样？利润吐回去，本金套牢，这还不算最惨的，最惨的是赚了大钱又爆仓的，全部亏光还要倒欠券商钱，这不是胡扯，是当时的普遍情况。

再回到2015年大牛市这个话题。2015年大牛市是市场普遍的说法，但对我来讲不是那样，属于我的牛市始于2014年7月份，市场那时就开始稳步向上了，只是步伐较缓慢，正是2014年7、8、9三个月夯实了牛市基础，让市场不知不觉间摆脱了挣扎多年的2000点沼泽地。10、11、12月三个月牛市已经开始尝试加速了，但大多数人依然浑然不觉，尤其是场外资金，大多是在4000点以后跑步进场的。

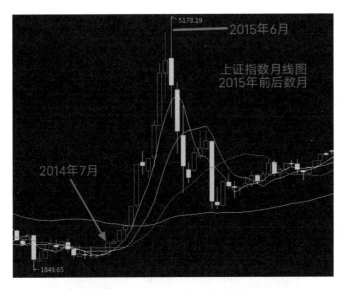

图 5-4　上证指数月 K 线（部分）

再回到 K 线图，下面用一下中国中车的 K 线图（见图 5-5），因为南、北车合并为中国中车，上交所于 2015 年 5 月 20 日对北车股票予以摘牌。中车的 K 线图其实就是南车的 K 线图，只是里面注入了整个北车，就是南车增发股票吸收北车，如此而已。南车、北车同时在资本市场的时候，其股价走势几乎一模一样，所以用南车的图（后来的中车）解读北车是可行的。

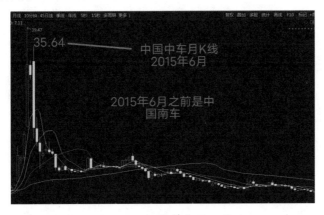

图 5-5　中国中车月 K 线

看月K线，从2015年高点下来至今7年多了，就再没有像样的行情了，为什么？因为提前触碰了天花板，股价提前透支了未来若干年的成长空间和想象空间。

为了更完整地了解前后走势，我们看一下中车的季K线图。（见图5-6）

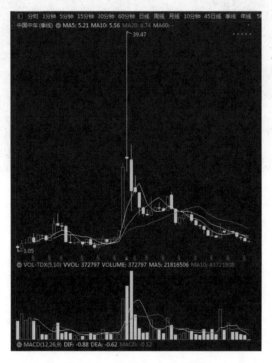

图5-6　中国中车季K线

为把这次投资行为说透，需要自问自答几个问题：

（1）当初为什么选择投资北车？因为工作需要经常出差，坐地铁到高铁站，再坐高铁抵达目的地，方便快捷，能坐高铁坚决不乘飞机，我逐渐意识到，这就是未来的出行方式。我们将进入高铁时代、地铁时代，以南京为例，地铁一号线运营大获成功，未来必然有二号线、三号线……我觉得最终可能超过三十条，粗略算一下就是几十倍空间，投资潜力巨大。当然，涉及相关业务的是南车、北车两家，研究后发现两家实力差不多，市盈率也差不多，但北车净资产远大于南车，综合比较后我认为北车更有投资价值，故而选定北车。

（2）对北车的投资预期在什么范围？没有做过详细测算，毛估未来营业额有几十倍空间，不仅有国内的高铁、地铁，还有国际市场，公司除了高铁还有其他体量较大的业务，所以利润肯定会有较大的成长空间，保守估计股价涨到20元左右应该没问题。这是我的习惯，毛估，从没查找数据计算过，我觉得没必要，投资不是解数学题。

（3）当时判断股市走牛的依据是什么？我也没有详细的依据，就是身在其中，有强烈的牛市预感。2000点上下折腾好几年了，人心思涨，强大的向上的力量汇集必然打破多空平衡。国务院批转国家发展和改革委员会《关于2014年深化经济体制改革重点任务的意见》、"一带一路"倡议……一系列大举措大手笔，改革宏图与发展大格局闪耀全球，所有信号指向一个方向：牛市！主流媒体摇旗呐喊，一行三会重量级领导关于资本市场的谈话……都在给股市注入信心。如果你再看不到牛市，那就是真傻了。经济面、政策面、舆论面共振，再加上股市较低的估值，轰轰烈烈的牛市之火就熊熊燃烧起来。

（4）加杠杆是基于哪些考量因素？最朴素的原因是想抓住机会多赚钱，改变命运。我本身对杠杆不陌生，一直在用杠杆，只是这次多用了些杠杆。既然确定牛市要来，加杠杆是对的，放大收益。另一个考虑是南车、北车合并的可能性大，一旦合并成真，这么大的炒作题材必然爆炒，加杠杆很划算。总之满市场都是利好，这种力量是巨大的。一位很有名的经济学家发表了"5000点不是梦"的观点，你想想看当时的氛围，当然我对牛市的预判早于这位经济学家，我这么说真不是吹牛。

（5）基于什么判断南车、北车大概率合并传闻成真？这个判断对我来说其实并不难，因为持有北车好几年了，对它的信息持续跟踪着，知道南车、北车本为一家，知道为何会有南车、北车，也知道一分为二的利弊得失。此一时彼一时，当中国高铁综合实力成为世界第一时，参与全球竞争是必选项。然而，在海外市场上，南车、北车"互相压价、恶性竞争"。

为把这事说清楚，我举两个例子。据公开报道：2011年1月，土耳其机车项目招标，南车、北车互相压价，中国北车以几乎没有利润的价格投标，但最终订单被一家韩国公司抢走。2013年1月，南车、北车一同前往南美国家阿根廷，参加其电动车组采购招标。在中国北车已经率先中标的情况下，中国南车给出了一个每辆车127万美元的报价——当时其他公司平均报价为每辆车200万美元。按业内人士的说法，这个价格是没法挣钱的。高铁作为我国高端装备制造业的名片，要走出去，假如你是高层，你会怎么考虑？我觉得合并是优先选项，也是最有效的。关于这个事我也请教了很多炒股的朋友，他们的观点出奇的一致：合并会导致垄断，不可能合并。我坚持认为应该合并。

（6）清仓后有没有再参与该股（今天的中车）？短期参与过几次反弹，赚了点小钱。

（7）该股未来还有没有大的投资机会？很难有大的投资机会。即使有大牛市，该股也不是理想标的。因为时代变迁，产业更迭，每个时代有不同的产业引领风骚。站在当下看未来，科技兴国背景下的硬核科技，能源革命背景下的新能源产业，老龄化趋势下的大健康产业，中产阶层不断壮大下的高端品牌消费品等是更好的选择。高铁已不在风口上，且因地缘政治问题，高铁走出去遇到的困难高于预期，高铁走出去成果严重低于预期。另外，国内市场已趋于成熟，未来已不具备大的爆发力，所以从投资的角度看吸引力不高了。

（8）在北车上的成功投资是基于个人能力还是运气？两者都有。我抓住了中国高铁的快速成长期，这本身既是能力也有运气的成分，能力方面是我能在生活细节中洞察到高铁的巨大潜力，并且全力以赴把握住，中间经历股价的大幅度下跌依然毫不动摇，同时，面对南车、北车合并传闻能全面客观并从更高层面上看待。说句不谦虚的话，在当时，对高铁行业的洞察，我还是很有深度的。运气方面，比如没有预料到"一带一路"倡议，纯属碰上了，这个题材太大了，直接把高铁推向牛市龙头位置。我把我对合并传闻的逻辑分析跟妻子分享，她说既然那么有把握，那就把股票都换成北车就是了，我立马把浦发银行换成了北车，结果如何呢？大家去查查 K 线图就知道结果了。所以运气是投资很重要的一部分。

（9）投资北车的启发意义是什么？对个股的极致投资是对智慧和胆略的极限挑战。

对中国北车的投资是我投资史上的经典一战，对我投资认知及投资体系的形成影响深远，主要有以下几方面：

（1）理性与客观。一些经典投资观需要重新审视，比如"贪婪、恐惧说"（别人恐惧我贪婪，别人贪婪我恐惧），比如"过度悲观、过度乐观论"，实际意义不大，身处其中你就知道那是多么虚无缥缈，那些只是安慰剂，说说而已。投资人最可贵的品质是什么？理性与客观，有了理性与客观，才会有正确的行动。

（2）股市并非完全不可预判。尤其股市的大底和大顶，以"区域"或者说"范围"的视角看是可以判断的，其背后的强支撑是估值偏离度——严重低估和过度高估。绝对精确的点位的确不可预测，凡是预测精准点位的，请务必远离，这类人要么傻，要么坏，或者出于某种需要。

（3）价值游戏。投资就是以价值为轴，围绕价值转动的游戏。

（4）长期投资不等于长期不动。长期投资是基于长期思维和视角下的投资策略，投资周期较长，过程中要进行仓位管理，触及加仓、减仓、清仓条件时应及时行动。

（5）杠杆并非洪水猛兽。杠杆只是个工具，关键在于你能否驾驭。

（6）价值是多方面的。基本面是价值，趋势也是价值，而且是极其重要的价值。

三 破茧成蝶，踏上长胜之道

投资多年，惊涛骇浪不断，仿佛活了几个轮回了。不经历风雨怎能见彩虹，不经历生死怎能成股神。

一路走来，最大的收获之一是站在市场之外看市场，以旁观者的姿态看股市风云变幻。我时常想起《风起长林》中蔺九所言，"此阁虽在红尘中，又在红尘外。琅琊中人旁观世间之事，如同看那溪涧之水，知它日夜奔流，却也由它日夜奔流……"投资亦当如此，亦不过如此——"股市，即非股市，是名股市。"可谓之入境也。

投资人生，真的是不一样的人生。各种投资方法我都实践了一遍，各类股票我也都炒了一遍。短短几个月赚十几倍是我，短短几天亏掉大部分市值的也是我；一年收获几十个涨停的是我，时常迎来股价腰斩时刻的也是我；快进快出的是我，一只股票干到底的也是我。A股上市公司总共4000多家，被我炒过的有1000多家。太刺激了，这就是我选择的生活。亏的钱实在太多，好在亏的钱都是赚来的，说明盈利大于亏损，说明我不是蛮干。究竟怎么个干法，我前面大体介绍了，后面也会谈案例，包括成功的，也包括失败的。

这里太残酷了，除非你不参与，参与就可能亏损，明知道可能亏损也要参与，否则手艺永远练不出来，永远无法登上成功的船。我们根据概率和资金分配控制风险敞口，就是说留有余地，一旦失败还有东山再起的资本和心态。柏拉图说，人生的态度是抱最大的希望，尽最大的努力，做最坏的打算。做投资亦当如此，我们要满怀希望，又要做好接受一切的准备。

说到底，炒股是实践的艺术，不敢下场真刀实枪地干，就摸不到艺术的真谛。说了半天你不敢下场，一切白搭。正如练武之人，不敢真刀实枪地干，天天耍花架子，那是花拳绣腿。

比较现实的做法是，一手抓价值，磨炼心性；一手赌概率，锻炼手艺，始终留有余地。很少有人能做到巴菲特那样气定神闲长期不动，巴菲特曾经自己也做不到，他年轻时也是看图看线，今天的巴菲特也是打磨出来的。

这里面的玄机就是过程与结果的关系。巴菲特不看图不看线，跳着踢踏舞去上班，并不是说你从今天开始不看图不看线天天跳踢踏舞就能成为巴菲特。再比如很多富人喜欢打高尔夫，并不是你打高尔夫就能成为富人。中间的过程如何曲折，在困境中如何煎熬，如何顶住不可承受之重，外人很难理解。我们需要用心去感悟真实的一切，用双脚走出属于自己的路。

这就是我理解的投资。

年轻人一穷二白，除了激情，一无所有，就要敢于主动去打。因为年轻，因为穷，输得起。别怕，被打得鼻青脸肿没事，只要命还在。因为通向财务自由之路不可能平坦，经得起颠簸才能抵达。

当然，股市没那么容易了解清楚，初来乍到的毛毛头，亏钱是大概率的，你要把自己的钱归归类，哪些是可以搏一把的，哪些是生活必需的，哪些是可以长期投资的，哪些只能短期用一下，这些都要明确。股市这玩意儿是时间越长越确定，时间越短越随机，要做好资金分配。

现在很流行模拟炒股大赛，我们是不是可以先在模拟系统里练习，等练成了才用自己的钱炒？我觉得那个没用。大部分人做模拟交易时都能赚到钱，但是一到真金白银的交易上，立马就傻眼了，茫然无措。你不投入真金白银永远不能体会那些心理变化，贪婪、恐惧、希望、绝望……所以最后你会发现，模拟交易和真实投资是完完全全的两回事，这个很复杂，心理上的变化微妙而奇特。一个正常人，一看到亏损就会立马恐慌，他脑海里会浮现很多不好的画面，连续大跌后会有要亏光的紧迫感，什么知识经验，什么投资理论，全被吓没了。股神巴菲特说，别人贪婪我恐惧，别人恐惧我贪婪。这个大家都知道，道理也都懂，也认同，但做不到，一到关键时刻，别人贪婪你更贪婪，别人恐惧你更恐惧。那怎么办？就要敢于亏，敢于直面市场，直面亏损，直面内心，亏得多了，亏得疼了，才懂得敬畏，才愿意反省，才能异于常人，也就知道该怎么干了。

没有人天生就是投资高手，都需要后天历练。比如华尔街传奇投资大师巴鲁克，我看过他的自传《在股市大崩溃前抛出的人》，确实蛮神的，不仅投资上大获成功，后来还成了罗斯福总统的财经顾问。他也曾被股市干得灰头土脸，年轻的时候父亲给他10万美元让他去投资，那时候10万美元可是一笔巨款，结果3年就赔光了。他本来以为父亲会臭骂他一顿，但父亲没骂他，只给了他信任的目光，又给了他10万美元，告诉他这是最后的资产了，结果在后面3年他赚到了6万美元。父亲用这种方式助他完成了炒股的初期教育，为他后来的辉煌奠定了基础。在自传中，他说他不再是"妄想"在华尔街生存，而是"知道"能在华尔街生存。很显然，巴鲁克在实战中找到了通向成功的钥匙。还有一点，我要给他一个大大的赞，他在自传中充满着对父亲的崇敬，不管做投资还是别的什么，懂得感恩、懂得尊重是最可贵的品质。

诗人里尔克说，艰难的生活永无止境，但因此，生长也无止境。里尔克让我们认清了生活的真相，同时也让我们领悟到了成长的意义和价值。面对艰难困苦，急流险滩，我们要敢于面对，要有放手一搏的勇气。

那万一炒股炒破产了怎么办？这是很多人迈不开大步的原因。成长的背后是代价。早期积极参与，全部家当总共没几个钱，没了就没了，从头再来，没什么大不了，年轻是最大的资本。有句话说得好，破产要趁早，这话尤其适合股民。30岁左右破一次产还可以爬起来，那个时候你就知道资本市场的威力了，之后的岁月你就不会有大问题了。

但我还是希望大家不要破产，多学习，循序渐进，按规律来。年轻人工作收入是持续增长的，炒股的本金也就慢慢有了，边炒边学边悟，还要疯狂阅读，技术派的、价值派的、学院派的、民间派的……你别管它什么派的，名气大点的书都拿来读读，尤其是投资大师自己写的书或者写投资大师的书，也不管它是投资方法论还是大师成长自传……统统拿来，阅读是走近大师智慧、学习财富思维的捷径。起码先把我前面推荐的书读完。

从刚开始投入少量资金，随着阅读量的增加、实践经验的丰富以及工作收入的增加，就可以慢慢增加炒股投入，把雪球滚起来。如果你想像我一样把炒股当事业，又有能力驾驭，那就把所有身家都投入进来，实现财务自由并非痴人说梦。

你说我不想实现财务自由，我不想练就高超的炒股手艺，我怕输，我就是想稳稳地赚钱，有稳稳的幸福。或者说你本身就是财务自由者，命太好没办法，出生在大富豪家里，没有太大野心，只想有稳稳的年化10%左右的长期回报就好。有办法实现吗？这个可以有，买指数基金，长期持有赚钱的概率是100%，这不是乱说。以史为鉴知兴衰，只要研究下股票过去100多年的历史，答案就有了。

所以我的投资理论不仅可以帮大家找到自己的"游艇"，还能帮助富人实现财富传承，消除富不过三代的忧虑。比如你家境殷实，需要同时解决长久传承与适当的增值需求，没问题，我来帮你构建一个长期投资组合，美股的道琼斯、纳斯达克100、标普500，印度股市的孟买30，港股的恒生科技，咱们A股的沪深300、创业板50、科创50，资金平均分配到这些产品上，这就完事了。

现在开始解决散户不敢买和买得太贵的问题。以纳斯达克为例，16000点快跌到10000点了，跌幅接近40%了，现在就是买入的绝佳机会，都在低位，你打开K线看看，跌得快只剩一半了，你还不赶紧上车?! 也许你已经买了，历史最高点16000点买入了纳指，那怎么办？我说你真是个倒霉蛋，不过没关系，煎熬几年就能赚钱了，如果你稍微懂点技术，跌下来补仓，反弹一段时间你就能赚钱了。

股市江湖太大了。淡定天下，成就自我者，为贤达。我非贤达，但在股市完成了进化。如今我已远离投机炒作，专注长胜投资，因为我已过了拼刺刀的年纪，已积累了足够多可用于长胜投资的筹码，可以以平稳的心态慢慢变富。股票三两只，风格慢而长——买卖很慢，持股很长。

如今我成了股市看客，喝喝茶，写写书或文章或诗歌。对于股市，经营价值是唯一的思考维度。持股周期只有一个，那就是长期。所谓炒股，只剩下持股期间出现明显的高估或低估时对仓位进行调整。明白了吧，所谓大股小市，可不就是我自己实践出来的理论嘛！

还记得我前面的话吗，投资就是以股为核，以价值为轴，以愉快的心态转起来的游戏。就是玩，如果你觉得痛苦不堪，那说明你还没有入境。

我的长胜投资理论（"大股小市"）本质上属于超长期的价值投资范畴。我不相信世上会有天生的价值投资者，不经历几番非人的折腾他不可能平静下来。从小股大市到中股中市（股、市平衡），最后到大股小市，是我所理解的投资进阶之路。

等待是一种格局，静守是一种境界，于风浪间岿然不动。不管经历怎样的曲折，最终的落脚点一定就是价值和坚守，这是投资的长胜之道，我把它总结为八个字：大股小市，追求长胜。我们要做股市里的赵子龙。

第 6 章　斗胆预判，玫瑰之约

　　本章内容为六篇"草根研究报告"，之所以说草根，是因为这些报告不够正式，研究者也非科班出身。灵活的研究方法、个性化的视角、随意的表达、鲜明的观点，使这些"草根研究报告"明显区别于机构研究报告（券商研究报告），兴许会给大家带来一些新的感受，希望对立志以证券投资为业的朋友或证券研究人员有所启发。

　　通过这些报告带大家进入实战体验，运用"大股小市"理论寻找到"股"、捕捉到机会，通过对过去的梳理和现状的剖析，对未来进行预判，进行高胜率低频率的交易，即为"市"，充分挖掘大"股"小"市"的理论价值和实战价值。

　　出于本书阐述逻辑的需要，我在前面谈了一些"战绩"，当然，也谈了失利，这叫既谈"勇"，也不避讳"怂"。但归根结底，要谈未来。我特意对一些标的的未来走势或目标给予预判，我理解的投资就是投未来，这也是人生的意义——未来会比今天好，要有成长，没有成长就没有了意义，人活着要有意义。

　　我选取片仔癀、腾讯控股、贵州茅台、恒生科技、新能源、中医药作为研究对象，它们所处的市场不同、行业不同、周期不同，且它们在相关市场或领域都具有较强的代表性，所以研究价值巨大。当然，我的视野不局限于 A 股、港股，也包括欧美、印度等主要资本市场，只是在不同章节研究的侧重点有所不同。本章我将结合几个标的的特点来谈，具体到每个标的，研究方法、表达方式也不相同，以更发散、更自由的思维去看企业、看价值，以求看得更高、更远。

从动手写作、定稿到出版，中间有较长的时间，所以我谈这些标的没有任何推荐股票的意思，仅作为分析研究之用，不构成对任何人的投资建议，我只是把它们作为范例，帮助大家更好地认识市场，更直观地理解我的思维、理论与实战，拓宽思维和认知边界。

我心里明白，谈未来就可能犯错，被打脸，这也从一个侧面解释了其他投资类书籍为何喜欢阐述、分析过去，然后总结出看似严密的结论。但我宁愿被打脸，也要谈论未来的事，否则大家读完之后还是不知道该干啥。至少，我要带给大家思考未来的习惯和勇气。下面我就从全球视角，选择主要市场的股票或股票组合（指数）做分析与展望，以期帮助读者朋友学会洞察市场、洞察行业、洞察企业、洞察未来，认识价值。

需要特别说明的是，我选择的分析标的不局限于股票，也包含指数基金（ETF），在我看来，优质的宽基 ETF 是永远的成长股，在我"大股小市"理论体系中"股"的范畴内。

理论支撑：以证券投资长胜理论——"大股小市"理论为指导，以基本面+成长性为基本考量框架。

一 片仔癀：国宝神药能否续写传奇

根据我的调查，听说过片仔癀的不少，了解片仔癀的很少，吃过片仔癀药品的有一些，熟悉并吃过片仔癀主打产品片仔癀药锭的，没遇到几个。也就是说，这么好的东西，发展空间还很大。从全球视角看，大到无法想象，因为一个东西真正好，是民族的，最终也是世界的。这个视野打开后，我们就会惊叹：成长空间是真的大！我们大胆估测一下它的过去，它上市后给投资人的回报，应该超过10倍吧？我要说，你格局小了，而且是异常狭小。

因为跟踪研究多年，我对神药的情况如数家珍，毫不夸张地说我对片仔癀的研究深度和广度超过许多专业人士，对片仔癀的过去、现在和未来的认知有可能超过该公司的很多高管。国宝神药片仔癀是老祖宗留下来的瑰宝，关于片仔癀的药用价值一直在进行二次开发和研究，关于片仔癀的探索也一直在路上，药用价值和保健价值挖掘潜力巨大。

（一）神药的前世今生

片仔癀拥有近500年的历史，是充满传奇色彩和文化底蕴的中成药。据考证，明朝嘉靖年间，一位宫廷御医因不满暴政，携秘方逃离皇宫，辗转迁徙隐居漳州璞山岩寺，削发为僧，用其所携秘方及其独特工艺精制成药悬壶济世。因其疗效显著，每次一片即可退癀，得名片仔癀（"仔"为闽南方言中语气词，"癀"为热毒肿痛）。因其在消炎、解毒、镇痛、保肝、抗癌等方面有神奇功效，被闽南地区民众奉为"镇宅之宝"和"福建三宝"之首。

经过大量临床使用，片仔癀的功效可以归纳为以下几个方面：祛邪安正，增强免疫力，保护健康；对各种无名肿毒、无名高热、无名低烧疗效独特；对治疗各型肝炎有特效；改善癌症症状，抑制疼痛；对手术前后和烧烫伤者，有消炎、镇痛、防止伤口感染、加速伤口愈合的作用；具有明显的抗衰老、保肝护肝、预防醉酒、降火清毒等预防保健功能；具有一定的美容功效。

片仔癀疗效显著，一是处方独特，二是制药工艺特殊，且处方和工艺至今秘而不宣，是国家一级中药保护品种。其处方目前只公开四味名贵中药材：天然麝香、天然牛黄、三七、蛇胆。

天然麝香为雄麝之香囊中干燥的分泌物，有特异香味，功能为开窍醒神、活血通络、消肿止痛等。天然牛黄为牛胆囊、胆管或肝管中的结石，功能为泻火清热、息风开窍、止痉清肝、祛痰解毒等。三七又名田七，为五加科植物，与人参同科，功能为散瘀止血、化瘀生新、行滞通经、消肿镇痛等。蛇胆为蛇干燥的胆囊，功能为清肺化痰、清热解毒、清肝明目、利胆等。

诸药与其他药合理配伍，加上其独特精湛的生产工艺，使片仔癀具有清热解毒、活血通络、消肿止痛、保肝护肝的神奇功效。这些功效远非上述四味药单纯合并的功效所能相比，这是片仔癀最巧妙、最神秘之处。中药文化，博大精深，源远流长。

（二）几个有关片仔癀富有传奇色彩的真实故事

故事1：护命"神药"。

福建、广东沿海人民下南洋随身携带关公像保富贵，携带妈祖像保平安，另一种必带的就是片仔癀，以保身体健康。片仔癀随之名扬海外，尤其是东南亚等华人华侨聚居区，每个家庭多多少少都要储备一些片仔癀。甚至在老人临终前都要服用片仔癀，他们认为如果连片仔癀都无济于事，也算是给老人尽孝了。不用片仔癀，死不瞑目。片仔癀被誉为"中国特效抗生素"，海外侨胞、港澳台同胞更称之为"安家至宝"的"神丹妙药"。试想，这药如果推广开来，人心同理，其他地方的人也会有上述人群之选择，这市场空间得有多大？

故事2：越战传奇，军需物资。

越战期间，片仔癀对使用抗生素疗效不高的枪伤刀创、恶疮虫毒能药到病除，美军大量采购片仔癀作为士兵在丛林中作战的军需物资，从此片仔癀在西方国家名声大振，被誉为"中国特效抗生素"。

故事3：国礼尊荣，友谊纽带。

1972年，中日建交，片仔癀被当作国礼送给田中角荣首相，由此引起日本民众对片仔癀的热情。由于当时两国民众交往尚未正常，许多日本民众纷纷前往或委托他人在香港购买，香港曾出现排队抢购片仔癀的轰动场面。

日本民间还自发成立片仔癀之友会，交流使用心得。日本著名医学家山内慎一专门著书介绍片仔癀治疗肝病的神奇功效。

故事4：上海甲肝疫情，一药难求。

1988年，上海及相邻省市暴发急性甲肝疫情，百余天内竟有41万人患病，对肝炎有特效的片仔癀变得"千方易得、一药难求"，片仔癀在上海被抢购一空，甚至出现三粒片仔癀换一台17英寸彩色电视机的场景，服用了片仔癀的患者被看作"吃了定心丸的人"。在国内，片仔癀因此名声大振！

故事5：埃博拉、登革热国家推荐用药。

2014年2月，西非沉寂多年的"瘟疫之神"埃博拉病毒苏醒，横扫非洲，所到之处几欲变"鬼城"，其高致死率和极快的传播速度使全球恐惧气氛升级。

2014年6月，广州暴发登革热疫情，不出一个月便蔓延至周边城市，截至10月12日广东的登革热病例已突破3万例，民众是"蚊"风躲闪。

2014年9月，原国家中医药管理局发布的埃博拉诊断指南将片仔癀列为推荐使用中成药；2014年10月，原国家卫计委发布的新版登革热诊疗指南将片仔癀列为推荐使用中成药；2015年11月，国家药监局印发的《中药新药治疗恶性肿瘤临床研究技术指导原则》的概述中，将片仔癀列为治疗肿瘤的经典方药。

当然，片仔癀的神奇远不止这些，它会持续给世人带来惊喜，被誉为神药并不夸张。

（三）几近完美的经营指标

2012—2022年，公司主要经营指标如下。（见图6-1、图6-2）

年营业总收入及同比增长率

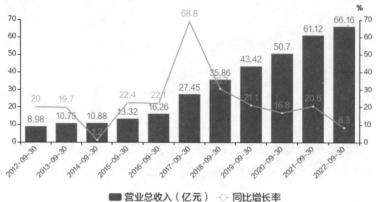

图6-1 2012—2022年片仔癀营业总收入及同比增长率

年归母净利润及同比增长率

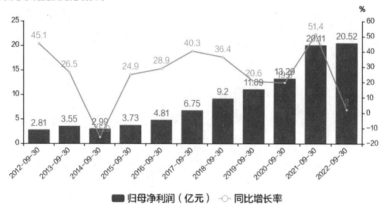

图6-2 2012—2022年片仔癀归母净利润及同比增长率

（四）过注投资回报

具体到资本市场，具体到股票，片仔癀也是神一般的存在，自2003年6月6日上市以来，给投资人的回报高到让人羡慕嫉妒恨，只要你拿得住，实现财务自由是小事一桩。片仔癀二级市场明星股东王富济靠着这一只股票赚了N倍成为超级富豪可不是传说，是铁一般的事实。我们看看年线，就一目了然心中有数了。总共就20来根K线，一眼望去上涨是主基调，且涨幅惊人，从9元涨到最高触碰491元，即使不考虑分红送股这档子事，你简单算一下有多少倍收益，会吓死你！如果把分红送股复权进去，那就是从9元到2700多元，我告诉你你敢相信吗？所以找到真正的好公司，拿得住，这才是投资的根本，而不是买进卖出。片仔癀的走势完美诠释了我的"大股小市"理论。（见图6-3）

图6-3　上市后片仔癀年K线

（五）未来投资价值研判

随着人们生活水平的不断提高，人们对健康的重视程度不断提高，叠加老龄化社会的到来，兼具治病与保健功能的片仔癀出现供需紧张的局面，你可以经常到实体店（片仔癀体验馆或片仔癀博物馆）走走，会经常看到断货的情况。

关键的问题是，股价涨了那么多倍，还能涨吗？现在买入持有10年、20年后还能获得高回报吗？会不会鳄鱼进去，出来时成壁虎了呢？我可以明确我的观点：未来50年、100年，它依然是大赢家！

我来分析下投资机会以及如何把握。看日线，股价从300元附近开始飞流直下，风险快速释放，在260元一带盘整一段时间后突然破位下跌，我认为这是投资者恐慌情绪最后的宣泄，风险释放接近尾声，目前在230元一带寻求支撑，能否支撑住并探底回升，这个不做判断，意义不大，因为作为风险资产的股票在任何价格都有风险。我们看长一点，即使跌破220元、210元、200元，又怎么样呢？天塌不了。目前价格已经踩到"30、50、70建仓法"第二建仓线了，结合估值看，可以开始建仓了。

我们只要清楚目前230元股价是有投资价值的，目前动态市盈率50倍，对应明年的业绩估值只有40倍出头，对比历史估值，这个估值不算高。从长远看，股价突破1000元、2000元……都不是问题，永续经营＋业绩长期向上是股价背后的原动力。问题是什么？问题是你能不能看到未来，并敢于在此刻介入。按照"大股小市"投资理论，有长期投资价值的稀缺性资产，属于我们重点跟踪的标的，股价一旦进入"30、50、70建仓法"第二建仓线（"拦腰斩"区域），原则上必须上仓位。图6-4是2022年8月18日至10月25日片仔癀日K线图。

图6-4　2022-08-18至2022-10-25片仔癀日K线

我们看周K线,就更有信心了,左边两个山顶在500元附近,现在230元附近,反弹动能在积聚,随时会掉头向上。(见图6-5)

图6-5 2021-12-24至2022-10-25片仔癀周K线

月K线较为惨淡,最近11个月绝大部分月份是阴线,可谓悲观到了极点,有较强纠正股价走势的内生动力。(见图6-6)

图6-6 2019年4月至2022年10月片仔癀月K线

从季K线看,我们看到自2021年7月21日的高点491元下来,有三根超级大阴线，本季度（2022年四季度）还在进行中，目前是小阴线，总体来看是阴云密布，股价"拦腰斩"。（见图6-7）你再往前看七个季度，发现什么没有？连续四个季度收阳线！豁然开朗了吧?！现在表现差是因为过去涨多了。我强烈看好未来，恰恰是因为近期跌多了。物极必反，矫枉必然过正，这就是股市。

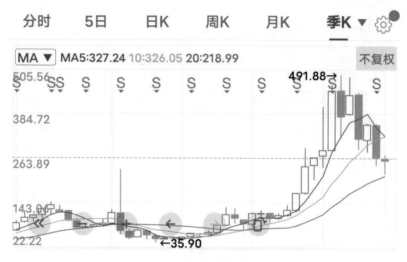

图6-7 片仔癀季K线

再看年K线，去年年K线的尖特别尖，在491.88的位置，怎么看都觉得突兀。（见图6-8）这个尖对应当时的市盈率肯定100倍以上了，这太夸张了，这个价格透支了未来好几年的业绩。

常识告诉我们，这里面肯定有事。原来是黄牛在搞鬼，他们把片仔癀专卖店（体验馆或博物馆）的核心产品片仔癀药锭买断货，人为造成奇货可居景象，590元一粒的药锭炒到1600元，二级市场股价跟着大涨。关键时刻，片仔癀公司体现出了大企业大品牌的担当，果断出重拳，将黄牛炒作扼杀在萌芽中，黄牛成了接盘侠。通过渠道管控、网销放量等手段实现片仔癀价格稳定。没了套利空间，黄牛囤的货怎么办？要么自己吃，要么打折卖给熟人。消费者不大可能到黄牛那买药，肯定通过正规渠道购买。

图 6-8　片仔癀年 K 线

从对待黄牛的态度，片仔癀公司管理层理应获得久久的掌声和大大的赞！什么样的企业才配得上伟大这个词？什么样的企业值得一生去陪伴？我想大家心里已经有了答案。

（六）供需缺口越来越大

神药具有天然的稀缺性。片仔癀的稀缺性来自哪里？来自原材料天然麝香、天然牛黄的极度稀缺，这两味天然药物来自动物，不是你想要就有的。但与之对应的需求却是快速增长的。

虽然目前片仔癀在福建、广东、香港和东南亚地区是家喻户晓的好东西，但在全国其他省份的知名度却很一般，甚至是处于"有眼不识金镶玉"的状态。可以预见，随着片仔癀知名度的提升，叠加老龄化大背景，片仔癀对应的治病、保健、礼品三大需求将快速增加，这三大需求它一个也满足不了。站在投资的角度，这就是市场需求预期空间还有无限大。

（七）投资决策、交易策略与预期目标

当前阶段，股价处于见顶回落状态，消化估值，调整基本到位。

片仔癀完全符合我的投资标准，在我看好的几大投资方向里，属于未来30年老龄化背景下深度受益的大健康产业。未来30年总的趋势是人口老龄化程度逐渐加深，健康长寿是人民对美好生活追求的目标之一，这是片仔癀未来几十年价值曲线的核心支撑。

对照我的"大股小市"投资理论，洞察到了"股"，洞察到了长期经营价值曲线，接下来要确定的是目前的价格值不值得介入。

片仔癀历史合理估值40~60倍，目前230元的价格，估值50倍，估值处于历史合理估值中间位置。从时间看，目前在四季度，面临估值切换。参考历史业绩，片仔癀业绩增长上具有较强确定性，对应明年业绩其估值预计在42~45倍，处于合理偏低位置。对于片仔癀这样历史悠久、拥有独门产品且可期待实现永续经营的企业，我们可以看得更远一些，比如看三年，结合公司基本面合理推测，预计三年后的市盈率大概率在30倍以下。再结合市值考量，目前1300多亿元，作为中药龙头，对比国外医药龙头，这个市值还小得很，成长潜力巨大。

从下跌幅度看，该股自高点491.88元调整到230元，股价已在腰部以下，已经进入"30、50、70建仓法"的第二建仓区域。作为稀缺资产，片仔癀如此跌幅实属罕见，建议启动加仓动作，以半仓为宜，若股价跌入第三建仓线，可继续加仓。那如果股价没跌，反而涨上去了怎么办？涨上去了就不再加仓，不要太贪心，50%的底仓20年后回报足够多了。从中可以看出我们的交易很简单，频次很低，故为小市（交易）。

片仔癀如此快速下跌让我兴奋。对于我圈定的好资产，我欢迎下跌，跌幅越深潜在回报越大。比如我今天230元买入片仔癀，假设未来股价到690元（含各种红利），就是3倍，你去年（2021年）7月491元买的，1倍都不到，差距巨大。所以我面对下跌，心情愉快。我深知，下跌是机会，大跌是大机会，播种与收获，不在一个季节。

这里我要特别强调一点,散户炒股喜欢一把梭,认为现金不能抵御通胀,留有现金不安全,所以弄来一笔现金就梭哈一次,这是错误的认知和行为。现金是一种永不过期的看涨期权,可以购买任何资产。对于我们,现金是用来践行投资理论的期权,在合适的机会出现之前,我们需要有足够的耐心去等待。即使面对优秀如片仔癀这样的企业,我们也必须保持足够的定力。

　　风险因素:短期的风险是你买贵了,长期的风险就是你没有参与。

二 腾讯控股：腰斩再腰斩，社交王者不是明日黄花

说说在港股上市的腾讯控股。原计划这部分不谈腾讯，但它的股价刺激到我了，我决定先说说它。

这家伙跌惨了，拉长周期看，腾讯自2021年2月18日创出775.5港币的历史新高后，持续震荡向下，到我写书写到这里的时候股价是200港币，跌去了近70%，市值不到两万亿港币，惨不忍睹。这是要破产的迹象啊！这与腾讯的基本面实际情况严重脱离。

该股目前状态：见顶回落，消化估值，估值从严重高估已经调整到严重低估，从一个极端走向另一个极端。股市运行有自己的规律，我相信腾讯的估值回归一触即发。我们投资人的大机会到了。

70%的跌幅，已经进入我的"30、50、70建仓法"第三建仓线，那还客气啥，执行我的理论就行了。你敢跌，我就敢干！当然不是蛮干，是基于价值的分析，基于客观、理性的抉择。我的理论从哪里来？就是在残酷的市场里打磨出来的，然后应用于市场。

实际上这家公司不需要我介绍大家都熟悉，伴随两代人的成长，从QQ到微信，我们每天都在用，QQ和微信是腾讯在生活中广泛应用的缩影，腾讯早已构建起强大的生态圈，它的生态圈强大到什么程度？你几乎找不到一个不在它圈子里的人。这个不展开说，大家都看得见，也感受得到。

我们看它的股价走势，日K线、周K线、月K线，全面超跌，一路向南找不到北了。（见图6-9至图6-11）

今开 ⑦	最高	振幅	成交量	市净率
202.000	215.600	**8.24%**	7301.69万	2.31
昨收	最低	换手率	成交额	市盈(TTM)
206.200	198.600	**0.76%**	**150.57亿**	**9.19**

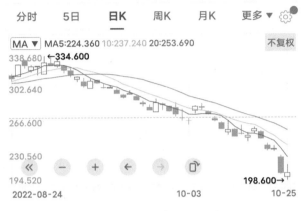

图 6-9　腾讯控股日 K 线

图 6-10　腾讯控股周 K 线

图 6-11　腾讯控股月 K 线

它今天的股价让我不得不说，啥意思呢？就是相较于腾讯的基本面，股价太便宜了，今天 200 港币的价格在我看来相当于免费送。从股价走势看像是要破产似的，我认为它至少十年内不仅不会破产还可能会越来越好，变得更加强大。

从年 K 线图看，这是一只不折不扣的大牛股，2014 年那根大阴线（顶上有红心那根）看起来很吓人，那不是大跌，那是拆股导致的（1 拆 5）。（见图 6-12）如果我们把它复权，图形就变成图 6-13，你自己看看，涨了多少倍，我就不说了，说出来太吓人，你自己悄悄地计算一下心里有数就行了。

图 6-12　腾讯控股年 K 线

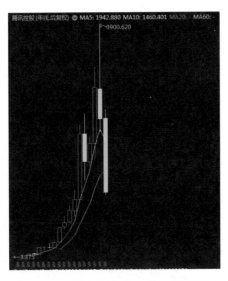

图 6-13　腾讯控股年 K 线（复权后）

它真正的大跌就是这两年，多重利空下它只能低着头往下走。

腾讯这家企业是做社交网络的，靠的是游戏、金融科技服务等赚钱，在连接人和人的过程当中，产生大量的可开发的利润模式，具有先发优势，这也成了它最大的护城河。用户集体迁移成本极大，它的这个生意永远不过时，游戏的需求其实也是持续增加的。这是一家很厉害也很能赚钱的企业，这是我对腾讯的框架性认识。这么强大的一家企业，股价怎么雪崩了呢？

冷静下来，审视腾讯的基本面，它依然掌握着互联网最多的用户，依然是社交关系的绝对巨头，依然是全球最赚钱的游戏公司，在金融支付、直播文娱等领域都建立了绝对的优势，视频号也在加速渗透，这些大家也不陌生，因为微信支付都在用，游戏在打，视频号也在玩。

这么牛的一家企业股价为何"跌跌"不休呢？必须坦承，腾讯短期面临较多的不确定性，比如流量见顶之后的增长问题，比如游戏产品的生命周期问题。最为直观的是《和平精英》《英雄联盟》等主力游戏的收入显露疲态，以及游戏出海增速下滑，包括广告收入下滑等。另外，还有让二级市场最为担忧的港股流动性问题，以及大股东 Naspers 的无限期减持计划，等等。是的，这些都是问题。但更核心的问题大家想过没？这么多问题是不是已经反映在股价上了？股价有没有过度反应？更进一步想想，不难发现，这些问题在腾讯股价一路向上高歌猛进冲击775港币高地的时候也存在，一路狂飙的时候怎么不担心港股流动性问题呢？那时候大家在说什么呢？腾讯30倍太便宜，40倍也不贵，50倍、60倍依然可能低估，未来市值会突破10万亿港币、20万亿港币、30万亿港币……没边了。怎么突然就激情不再了呢？这就是人性，过度贪婪，过度恐惧。

更离谱的是一些投行，徒有虚名，在股价一路上扬的时候他们不断向上调高目标价，在股价一路下跌的途中不断调低目标价。一些媒体更是让人啼笑皆非，铺天盖地的负面报道，为下跌找理由，真是贻笑大方。

现实证明，股价上涨的时候，你能找到一万个佐证的理由；至于下滑的理由，一个就足够了——大家都害怕了。

如果我们离开市场冷静下来，很容易就会发现，那些看空的理由或之前看多的理由，都是噪音。更滑稽的是，看空的和看多的，是同一波分析师。

站在今日看未来5~10年，腾讯的价值如金子般闪亮，兼具价值与成长，韧性十足。只是下跌的恐惧氛围笼罩了投资者的眼睛以及不安的心。

亮明我的观点，200港币的腾讯有投资价值，甚至会有超额收益，目前的股价已过度反映负面情绪。展望未来10年，腾讯的业绩依然会有较大的提升空间，200港币股价对应估值为9倍（滚动市盈率），超额收益是确定的。我预计，以当下价格买入并长期持有，未来10年收益在3倍以上（含分红）。至于股价接下来怎么走，我认为大概率向上攀登。那如果不涨或者继续下跌怎么办？等待，耐心等待。

那10年以后呢？先看10年再说。有些企业可以看5年、10年，有些企业可以看30年、50年，还有些可以看永远。永远是多远？无限期。腾讯作为一家科技互联网企业，以 5～10 年为衡量尺度，紧密跟踪、动态评估最为恰当。至于什么企业可以看得更久远，后面会谈到。

　　股价波动带来的震荡是投资不可避免的副产品，但长期而言，投资人所持有的优秀企业会提供足够的回报补偿短期波动所带来的折磨。段永平在 2011 年买入苹果公司，经历了四次大跌，其中 2012—2013 年回撤超过 55%，2015—2016 年最大回撤为 36%，2018 年最大回撤为 40%，2020 年回撤为 36%。尽管短期波动巨大，但苹果公司在过去 10 年给段永平带来的浮盈超过 10 倍。

　　面对波动，股神们的态度是"坚持到底"，当然是在正确的股票和正确的方向上坚持。巴菲特在 2020 年股东大会上说："你必须做好准备，股价会下跌 50% 甚至更多，能够适应这种波动，才适合入市。我经历过三次伯克希尔股票下跌 50%，这三次发生的时候，伯克希尔本身没有任何问题，你必须保持恰当的心理状态。如果你不能从心理上接受，真的不应该操作股票。"

　　在股票低估时有勇气买入的投资者享受到了三重好处：一是上市公司本身价值的增长；二是上市公司回购并注销股票带来的每股收益的增长；三是公司估值从低估恢复到正常所带来的估值提升。当下的腾讯，完全满足这三重好处。

　　看好当下的腾讯是看好当下低估值和未来的成长性。目前 200 港币股价对应 9 倍估值（滚动市盈率），这不是开玩笑吗，这是在给夕阳产业估值，而腾讯依然朝气蓬勃，多点爆发。如果你敢于以这么低的估值买入，一旦市场情绪反转，翻一倍很容易，按照"大股小市"理论之减仓策略，股价翻倍减仓 1/2，减仓后市值与买入时一样，成本归零，往后的时光舒服而惬意，因为有个这么牛的企业为你创造财富。

　　深入挖掘腾讯的价值，其持续的创新能力是价值的基石，年轻的马化腾就是"不安分的主"，为创新而生，善于并敢于自我革命。QQ 之前是 OICQ，这个 OICQ 知道的人不多，我估计 10 年后年轻人知道 QQ 的也不多，甚至现在时刻陪伴我们的微信也会被腾讯新的创新所取代。

我们看看腾讯近年业绩，2013—2021年调整后净利润：

2013年：169.75亿元

2014年：247.37亿元

2015年：324.1亿元

2016年：454.2亿元

2017年：651.26亿元

2018年：774.69亿元

2019年：943.51亿元

2020年：1227.42亿元

2021年：1237.88亿元

从这个成绩单看，这是一家非常出色、非常优秀的企业。2021年，新冠疫情的影响开始显现，净利润几乎零增长，这是假摔，这是受新冠疫情的影响，这个不需要我说，大家都有切身体会。今年（2022年）净利润我粗略估算大概为1200亿元，结合宏观大背景（疫情、通胀、俄乌冲突）看，这个成绩算得上优秀了。我预测，随着通胀、新冠疫情等负面因素影响减弱，全球经济将逐步复苏，中国经济也将迎来困境反转，腾讯的业绩将掉头向上，明年的业绩预计在1500亿元以上，未来三年可能达到2500亿元以上，大家可以参考过往财报及业务板块合理推测，具体财务数据繁杂而枯燥，我就不罗列了。纵观腾讯的历史，高效、高光，但不失稳健，每过几年就会有爆款产品（游戏）出现，或者在创新上有新突破，所以未来它的业绩若达到3000亿元以上不要感到惊讶。

另外说说投资业务。我对腾讯的价值评估与绝大多数投资者不同，他们只看重业绩，而我更看重企业价值，我看到的腾讯不仅是创新巨人、社交王者，还是投资巨人——我认为它是中国最牛风投企业！这一块是容易被投资者忽视的，也是被严重低估的。你稍微上网搜索看看，腾讯投资的是清一色走在时代前沿的新业态，这不奇怪，一个具有强大创新基因的企业投资新业态是有先天优势的。比如冬海集团、京东、B站、快手、虎牙、知乎、58同城、拼多多、喜茶、智能涂鸦等，这些都有腾讯的投资，投资地域覆盖全球 20 多个国家和地区。去年有报道说腾讯已投资了约 1200 家公司，持股价值超 2800 亿美元。那我要请教大家，它 200 港币对应的市值才多少？是不是相当于白送？而这一切远不是终点，腾讯的投资版图必将持续更新扩大。

总结一下我理解的腾讯：创新达"人"、造富狂"人"、投资巨"人"。

所以说腾讯不是一家垃圾企业，不能当垃圾卖，那些 200 港币卖腾讯的人，不是疯就是憨。腾讯这家企业浑身都是宝，随便抖抖都是财富碰撞的声音。我有预感，腾讯股价的"200 港币"，将成为资本市场荒诞的符号之一。我们要感谢那些犯错误的投资者，正是他们的愚蠢和牺牲，给了我们绝佳的进场机会。过滤掉恐慌，捕捉住机会，这就是"大股小市"理论的价值所在。

这正是市场存在的意义，提供机会，也不吝啬陷阱，选择权在我们自己手中。我们要用"大股小市"理论武装大脑，在两个极端摆动的股市里自由穿梭。

回到腾讯，面对这样的企业这样的机会，该怎么办不用我说了吧？

这就是我的喜好，好东西跌成烂泥我兴奋，好东西看不到超额收益，我丝毫没兴趣。所以我对腾讯股价暴跌举双手欢迎，这不是幸灾乐祸，而是对价值的拥抱。

这就是我的投资理论——"大股小市"的内核，首先你要洞察到"股"，包括价值和机会，辅之以"市"，即适当的仓位和适当的交易（低频交易），既抓住机会，又控制风险，实现科学投资和长期回报。

风险因素：目前这个价格拿 5～10 年风险为零，如果看更远的未来，它的风险的确存在，这类企业的生命力在于创新，有可能被模式更出色、创新力更强的后起之秀颠覆。

三　国酒茅台：玉液之冠　价值几何

　　茅台还用说吗，还有谁不知道茅台吗？那可是国酒啊！没错，国人都知道茅台，但我还得说，并且要说得深入一点，因为懂茅台的人太少，懂茅台价值的就更少了。

　　该股目前处于见顶后的回落调整期，从估值和调整幅度看，均已到位。

　　我为什么这个时候谈茅台？因为它便宜了，29倍估值。更重要的是它完全符合我"大股小市"理论中对"股"的所有要求，从跌幅看，2600多元跌到1300多元，接近腰斩，跌幅已经进入"大股小市"理论之"30、50、70建仓法"的第二条建仓线。

　　现在是四季度，面临估值切换，对应明年的业绩估值大概25倍，处于合理位置，值得谈了。我们搞投资的要知道好坏，还要知道高低。如果茅台现在估值是50倍、60倍，那只能看看，因为东西再好，你买得太贵，也是麻烦事。

　　茅台有着源远流长的文化传承与积淀、复杂独特的工艺流程、强大的品牌力、90%以上的毛利率、上瘾的消费属性、超强的终端把控能力及市场定价能力……这些构成了超长期成长的基石，全球独一无二。

　　喝过茅台酒的人不多，买过茅台股票的人不少，但在茅台股票上赚到钱的很少，赚到大钱的更是凤毛麟角。包括一些名气很大的所谓投资界大佬，也大多在茅台股价300~600元清仓离场，然后到处嚷嚷茅台泡沫巨大，要破要崩！这些人具体是哪些人我就不点名了，免得得罪人，大家百度一下就知道了。茅台丝毫不给他们面子，一路干到2600多元才开始有下跌调整的意思，于是他们高呼泡沫破了，破了，这次终于要破了！这些人真是没救了哦，眼下的茅台，只是在喘口气，歇歇脚而已。

回顾茅台上市以来的路，并不平坦，多次出现大跌，印象中最多一次跌了60%多，这跌幅足以摧毁一切信心，打破一切信仰。

批评之声从未间断，什么钱多人傻智商税，什么买的不喝、喝的不买，什么皇帝的新衣、男人的面子，还有更无脑的，说茅台能强国吗？这哪跟哪呀！有一种批评表面看是对的，说茅台开瓶率低，都被储存起来了。我为什么说这个说法只是表面上正确，因为酱酒的特性就是要储存，买新酒喝陈酒，尤其是高端酱酒，储存几年口感、香气都有大幅度提升，所以并非储存起来不喝，这里面有时间差问题。

拿不住茅台的，输在思想太局限、格局没打开。大国崛起，必然有一批品牌崛起，其中会有几个超级品牌享誉全球，成为国家名片。茅台正是名片之一。这就需要从文化层面认识茅台。

白酒和中药是中华优秀传统文化的重要组成部分。白酒具有较强的社交属性，是情感表达的重要载体，是对历史岁月的品味，是精神愉悦的需要；中药是生命健康的需要，兼具治病与保健双重使命。白酒和中药将会随着中国综合国力的提升而进一步走向世界，又打开一片巨大的消费市场。

传奇色彩赋能茅台，名酒基因刻入骨髓。茅台酒历史悠久，曾见证长征、抗战西迁等重要历史节点。茅台酒在外交场合屡次建功，成为中国对外的国家名片，为"文化茅台"历史更添风采。作为中国酒文化的重要组成部分，我们看到茅台正以更多实际行动和务实举措，自觉肩负起推动中国酒文化和中国传统文化传承、发扬和走向世界的时代使命。目前，茅台产品已销往60多个国家和地区，其中亚太地区是主要市场。

20世纪60年代，茅台酒进入专供渠道，为当今茅台酒的奢侈品属性奠定了重要基础。它不是普通意义上的酒的范畴，它已成长为超级品牌，将其归类为奢侈品更为妥帖。我在多个场合讲过，茅台早已脱离白酒范畴，悄然跻身于全球奢侈品第一梯队，茅台的队友现在是LV、卡地亚、蒂芙尼等超级大咖。奢侈品有什么特点？客户群越来越大，提价不影响销量。你对应茅台的情况看看，是不是悟到了什么，恍然明白了什么？而且茅台比这些队友更稀缺，这些队友在哪里都可以生产，茅台酒只能在茅台镇核心产区生产。为扩大茅台酒产能，国家有关部门曾组织专家搞异地生产试验，结果均以失败告终。茅台酒的酿造有多菌种参与发酵，真正的核心力量不是人工，而是微生物。茅台酒工艺里的发酵，跟茅台镇环境的微生物群有着密切关系。原料、水这些都可以搬走，但微生物群是搬不走的，所以离开茅台镇就酿不出茅台酒。

老股民都知道，茅台股价从不缺乏挑战者。那些股价曾短期超越茅台的股票现在都怎么样了？全部趴在地上被摩擦呢，说腰斩都太留情了，零头都没剩下，当时买了那些股票的人为了自我壮胆，叫嚣茅台已过时，声称他们的股票永远碾压茅台，最后全是灰头土脸鼻青脸肿。而茅台依然是茅台，是更好的茅台，品牌力越来越强，护城河不断加深加宽，现金流一年比一年多，分红一年比一年多，且上市后再也不需要融资。这不是"印钞机"吗?! 有著名投资人在一次演讲中说茅台上市就是给大家送钱，茅台就是活菩萨给大家送钱来了。这话乍一听很离谱，实则很接地气。

那么现在的茅台值得投资吗？答案是肯定的。因为这次自高点2600多元开始下跌至今，股价接近腰斩，这对于茅台这类资产而言，是打破信仰的跌幅，尤其是最近十几个交易日，破位急跌，投资者落荒而逃。一位此前经常嚷嚷着坚定看好茅台的股友给我发来微信，问茅台会不会跌到8倍市盈率，还告诉我雪球某大V准备抛茅台了。我觉得很搞笑，这位股友持有几万股茅台，是用做生意赚的钱买的茅台，在高位买的，他炒股多年一分钱没赚到，我敢断定再过100年他也不可能从股市上赚到钱，他一定会在恐慌中割肉，高位时追入。至于他说的那位大V我也知道，他只是喜欢拿茅台说事而已。

我们看图，从日K线看，空方情绪释放较充分，此消彼长，股价随时会发起反弹。（见图6-14）

今开 ⑦	最高	振幅	成交量	市净率
1480.00	1487.98	7.11%	10.71万	8.51
昨收	最低	换手率	成交额	市盈(动)
1464.08	1383.85	0.85%	152.59亿	29.73

图 6-14　贵州茅台日 K 线

周 K 线看，空头排列，让人胆寒。（见图 6-15）

图 6-15　贵州茅台周 K 线

月 K 线则平稳许多，总体上阳线明显多于阴线，看月线的话大家心态会好很多，也更有可能拿得住股票。（见图 6-16）

图6-16　贵州茅台月K线

从年K线看，妥妥的大牛股，名副其实的送财童子，不遗余力给股东送钱。（见图6-17）茅台的走势完美诠释了"风物长宜放眼量"，过程中所有的波动也只是波动而已。所以我敢断言，高点2627.88元也必然被踩在脚下，我觉得最多三年就能看到。为啥这么自信？一是茅台历史走势给我的自信；二是茅台的基本面一天比一天好，这是最核心的驱动力，驱动茅台股价继续向上。当然，中间会有波折，这是正常规律，需要耐心应对。

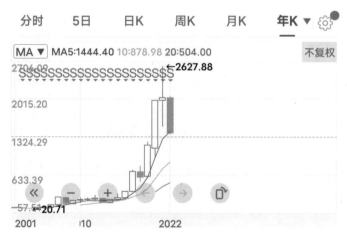

图6-17　贵州茅台年K线

耐心是投资成功的关键。诚然,从 2600 多元下来,调整有段时间了,投资者备感煎熬是人之常情。再耐心等待一些时间,我坚信茅台会给大家带来惊喜。

我并非盲目乐观。我写到这里之所以愿意谈茅台,是因为我觉得有讨论的价值。我们看看眼下 1400 元的茅台,动态市盈率 29 倍左右,按明年的业绩考量,市盈率大概只有 25 倍,最关键的是它的业绩会持续增长。业绩增长的底层逻辑是什么?量价齐升,长期供不应求,重复消费。一个是产能还有较大提升空间,茅台镇 15 平方公里的基酒核心产区目前只用了 8 平方公里。另一个是价格长期看涨,20 年前,一瓶飞天茅台酒的市场价大概是 300 元,而今天市场价在 3000 元左右浮动。随着大国的崛起,综合国力持续增强,高收入群体快速壮大,茅台产能释放远远小于需求的增加,所以会长期供不应求。产品还没生产出来,大卡车排长龙等待拉货。而且茅台是快消品,你喝完就没了,想喝就需要再买,对吧!你买个包不可能今天买一个明天买一个后天再买一个,你买个空调也不可能买一个过几天再买一个过半年再买一个。另外,茅台还有最牛的属性——没有保质期,越放越值钱。你打开一瓶存放十年的茅台试试,满屋子飘香。所以,从全球看茅台都是独一无二的投资选择。

事实上总结起来就四个字:长坡厚雪。别小看这四个字,全世界能做到这四个字的企业,没几个。绝大多数企业都是各领风骚三五年,优秀点的风光八年十年十五年,超过十五年依然优秀、依然生机勃勃的凤毛麟角。

那么问题来了,茅台到底值多少钱?这个问题其实不需要回答。我们看一下茅台董事长的发言。2022 年 8 月 2 日,贵州茅台集团党委书记、董事长丁雄军在 "2022 亚布力中国企业家论坛·天津峰会" 上表示:"独一无二的原产地保护、不可复制的微生物菌落群、传承千年的独特酿造工艺、长期贮存的优质基酒资源,是茅台的核心势能。" 关于基酒,丁雄军在会上透露,茅台在酒库里存了几十万吨基酒,如果按照现在市场价值计算,是好多万亿元。消息一出,媒体哗然,质疑声不断。我的看法是，静态看，丁董的说法是客观的，是正确的；但是动态来看，长期来看，丁董的说法太保守了，我觉得需要加个0，因为动态看基酒存量会不断增加，市场价值也会长期向上，所以我说茅台到底值多少钱不需要回答，时间说了算。

茅台基酒，比金子更耀眼，比钻石更闪亮。1956年，在周总理指示下，茅台酒厂建立产贮比制度，成为最早拥有老酒储备的白酒企业，奠定了产品品质的绝对优势。

回到投资，我认为投资机会再次降临！我充满自信地确定眼下就是机会，巨大的机会，大跌后的茅台股价迎来十年一遇的绝佳抄底机会，目前的股价就是地板价！至于还会跌多少不予考虑，跑步进场是最佳选择！仓位最少六成（组合中单只股票可配置总金额的比例），胆子大点的直接梭哈就行了。至于茅台未来股价能否突破3000元、4000元、5000元、6000元……这都不需要考虑，你只需要知道，目前股价对应明年的业绩估值只有25倍，这估值对于稀缺性核心资产意味着什么？对于一家业绩可长期持续增长的现金奶牛企业意味着什么？

我单独说说茅台的现金奶牛属性。根据2021年年报，茅台账面上的现金类资产高达近1900亿元，这是什么概念？更牛的是，公司平均每个月还能收100亿元的货款，赚取50亿元的净利润。它的利润会一年比一年多，所以一年比一年多的红利如流水哗哗地往你家流，你还能找到比这更好的生意吗？最终你能赚多少倍回报取决于你持有的时间。当然你的投资回报包含分红和股价升幅，只计算股价升幅是常识性错误。

价值分析归价值分析，判断归判断，操作归操作，只有把握恰当的时点才会有超额收益。对于触顶回落的热门股要耐心等待、区别对待，品牌消费类的一般在"拦腰斩"区域见底，适用"30、50、70建仓法"第二建仓线；硬科技、科技互联网、新能源、数字经济等新兴产业一般在"膝盖斩"区域见底，适用"30、50、70建仓法"第三建仓线。像茅台这类极具稀缺性的品牌消费品，其股价跌幅一旦踏入我们的第二建仓线（"拦腰斩"区域），且估值合理，我们必须上仓位，最少半仓。这类企业确定性强，好算账，也容易把握，要敢于重仓。然后耐心观察后续走势，真心欢迎它继续下跌，最好跌入"30、50、70建仓法"第三建仓线。

我们要干的事很简单，我们并非为茅台下跌而惋惜，要时刻谨记，我们是投资人，我们该干吗，我们就是要认识价值，并利用市场的错误获取超额收益。

也许有人会问，市场如果不犯错怎么办？这个你尽可百分之百放心，市场一定会犯错，从一个极端走向另一个极端，周而复始，死不悔改。我们赚钱的秘密正在此，"大股小市"理论的价值就是利用市场一定会犯错这一铁律。

那持有多久合适呢？我觉得没有期限。可以一直持有，作为家族传承的瑰宝。你说你持有不了那么久，非要加个期限，我建议最少30年。所以对于茅台这类股票最重要的是要有耐心。

索罗斯说，华尔街百年经验告诉我们，市场比大部分人有耐心，所以大部分人亏钱。只有比市场更有耐心的人才能在市场上赚到钱。我深以为然。

风险因素：短期风险是你买贵了，最大的风险是你一直没有参与，因为它的天花板还很遥远，我们这代人可能都看不到。

四 恒生科技：衰落的贵族还是落难的王子

我对恒生科技觊觎多时了，一直嫌贵没下手。终于到了我觉得可以下手的时机了，所以我很愿意谈谈这个"新欢"。在我的投资视野里，我把这批企业归到科技互联网里。

（一）一网打尽新业态头部企业

恒生科技指数，是恒生指数公司在2020年7月份才推出的，包括了港股市场上市值最大的30家科技公司，涵盖网络、通信、金融科技、云端、数码、电子商务等主题，将新业态头部企业一网打尽。作为在吸取全球市场经验教训的基础上精心打造的这么一个金光闪闪的指数，理应有出色的表现才对，但很遗憾，该指数推出后只有短暂的上涨，然后便走上漫漫熊途。

（二）创新举措，让恒生科技更具成长价值

恒生科技不仅成分股业态新，指数编制理念也走在世界前沿。在成分股最高权重方面，恒生科技是8%，而中概互联网为30%，也就是指数在每次调整的时候都会重置到这个限制；在调整周期上，恒生指数公司是一年四次，而中证指数公司是一年两次，都包括了成分股的吐故纳新和最高权重的重置。

作为科技主题指数，它并非仅仅聚焦少数行业里的头部企业，其细分领域较为分散，通过较频繁的调整减少个股的影响，同时提供了分享非巨头公司高成长的可能性。

（三）"港版纳斯达克"非虚言

恒生科技指数被称为"港版纳斯达克指数"，与纳斯达克系列指数的确有许多相似之处。

恒生科技指数选股范畴主要涵盖与科技主题高度相关的港交所主板上市公司，其选股准则会考虑符合资格公司是否利用科技平台进行营运、研发开支占比及收入增长，最后选取市值最大的30只股票作为指数成分股。

（四）天之骄子，缔造创富王国

这批企业太厉害了，可谓是天之骄子。要么是互联网思维上的佼佼者，模式领航，科技赋能，互联网赋金；要么是优势明显的硬核科技公司。具体每家企业我就不一一介绍了，大家只要看看名字就会信心大增——快手、金蝶国际、哔哩哔哩、比亚迪电子、明源云、京东健康、美团、海尔智家、舜宇光学科技、小米集团、联想集团、阿里健康、百度集团、瑞声科技、众安在线、ASMPACIFIC、小鹏汽车、中芯国际、商汤、京东集团、华虹半导体、腾讯控股、金山软件、网易、平安好医生、携程集团、阅文集团、阿里巴巴、理想汽车、万国数据。单看名字就知道，都是插上财富翅膀的公主，貌美又多金，谁能不动心？！动心归动心，你的手可不能乱动，为什么？这里面会不断有企业快速崛起，也会有企业突然就不行了，非常难把握，如果不相信我讲的，你可以跟踪观察，也许用不了多久，等我的书面世的时候你就看到了变化，天地之变。

（五）投资机会百年一遇

以恒生科技成分股为代表的科技互联网企业有其特殊性，经营主要在国内，交易资金主要是外资，这就导致它们会受到双重影响——国内的经济基本面和海外的宏观面。由于受到多重负面因素冲击，恒生科技出现崩盘式下跌。（见图6-18至图6-20）大家看看，跌成啥了。

图6-18　恒生科技指数日K线

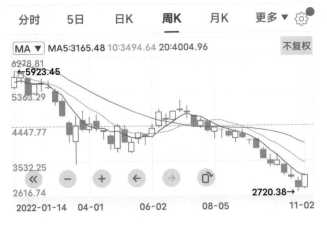

图6-19　恒生科技指数周K线

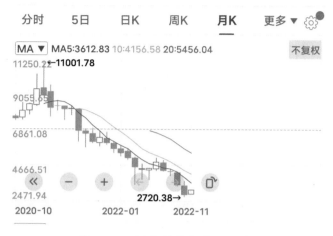

图 6-20 恒生科技指数月 K 线

日 K 线、周 K 线、月 K 线，全面暴跌，从 11000 点跌到 2720 点，连 1/4 都不到了，处于超跌状态，这种持续暴跌状态不可持续，随时会以暴涨的方式终结。

该标的已经完全进入我的"大股小市"理论操作区域，按照我的"大股小市"理论之"30、50、70 建仓法"，目前跌幅已连踩这三条线，那就干吧！哈哈，在我这里，投资就是以股为核，以价值为轴，以愉快的心态转起来的游戏。

这里特别指出一点，鉴于港股的特殊性，受到国内、国际两大环境的影响，这些企业的经营主要在国内，交易资金主要是外资。从过往的走势看，它的波动率远大于 A 股，所以一旦进入熊市，对港股标的的建仓要更有耐心，适用"30、50、70 建仓法"第二建仓线、第三建仓线。会不会跌破第三建仓线（即跌幅在 60%～80%，中值为跌幅 70%）？这个不在我们"大股小市"理论的范围，我们选中的标的跌幅超出第三建仓线的可能性微乎其微，即使百年一遇跌幅超过了 80%，我们也不再追加仓位，即我们的仓位是总量控制。至于什么时候涨，我们不予考虑，建仓后耐心等待。

当下恐慌主导了一切。什么基本面、什么价值不价值，比谁跑得快。

但如果你稍微冷静点，你会发现情况没看起来那么糟。疫情三年了，也就那样了，我觉得最多到年底我们就会全面放开管控；以欧美为代表的高通胀也基本见顶了，大幅度快节奏地加息随时会迎来拐点，现在11月份了，很快就进入2023年了，即使啥也不干通胀明年也会下来，因为今年基数太高了。所以局面反转已经悄悄在路上了，这时候应该鼓起勇气进场，胆子大的可以一把梭，胆子小的可以先买一半，然后观察，到明年一季度再决定下一步操作。我个人相对乐观，我预判这个指数明年会到5000点以上，从底部算起指数将翻倍。

（六）投资选择："一锅端"是更优选择

具体投资上，可以采取龙头+ETF策略，当下看，华虹半导体、舜宇光学科技等均有冠军相，可以参与，至少可以阶段性参与。但我不建议散户买个股，我觉得对绝大多数散户来说，最好的投资方式就是"一锅端"，因为这些企业都是创新驱动型企业，可以快速壮大，也可能下一刻就面临死亡。为避免踩雷而亡，我觉得不需要研究个股，直接通过ETF进行"一锅端"式投资，收益更有持续性。因为这个指数吐故纳新能力超强，表现出色的科技企业会被快速请进来，落后就要被淘汰出局，它会在规则下自然完成优胜劣汰，所以你不用担心这操心那，洞察到良机一把抱住就行了。以目前这个位置，拿个50年赚几十倍上百倍都是有很大可能的。

所以按我的"大股小市"理论做投资很简单，很清晰。我们欢迎下跌，且不关心上涨。关键在于洞察，洞察到值得投资的股（包括指数，我的理论体系里把成分指数看成大的股票）和时机，只需要做适当的交易（低频交易）。洞察不到股和时机，就按兵不动。这里的股和时机要分开看，股对了时机不对，你会输时间，股若不对，即使时机对了（买得便宜），也会带来毁灭性的损失。大股之大，重于一切。

风险因素：该板块受国内经济形势和国外宏观形势双重影响，波动较大；低位没下注、买在高潮处是最大风险；该板块面临内地科创板的竞争。

五　新能源：狂飙之后，还有投资机会吗

新能源是世界级的大机会，发展新能源是全球共识，气候问题是全人类的问题，发展新能源减少碳排放是必然选择。

人类正处于第三次能源革命大周期里，我国引领这次能源革命，同时能源安全是最重要的安全之一，我国在新能源的许多细分领域拥有完整产业链、核心技术和制造优势，尤其是在新能源车产业链和光伏产业链做到了全产业链领先，综合实力全球第一，做的是全球的生意。在碳中和大背景下，新能源产业发展空间广阔，有望诞生一批世界级巨头。

2020 年 9 月，我国向世界宣布力争 2030 年前实现碳达峰、2060 年前实现碳中和的目标。这既是我国积极应对气候变化的国策，也是基于科学论证的国家战略，既是从现实出发的行动目标，也是高瞻远瞩的长期发展战略。

从资本市场投资的角度看，这绝对是全球性的大机遇，是几十年一遇的大机遇。"双碳"目标不可能在短期内实现，力争 2030 年前实现碳达峰、2060 年前实现碳中和说明路漫漫其修远兮，发展新能源是长远战略。

投资机会主要在光伏产业链、新能源车产业链、氢能源产业链等。我这里谈两个方向，一个是新能源车（这里特指电动汽车）产业链，一个是光伏产业链，这是我能理解并把握的机会，其他的我看不清眉目，选择放弃。

（一）新能源车：全产业链领先全球

我国传统燃油车起步晚，加上在发动机等核心技术上与国外相比有

一定差距，发展传统燃油车没有优势。我国很早就认识到这个问题，所以早早砸重金研发新能源车，全产业链布局，目前全球能在新能源全产业链上中下游都玩得转且玩得好的，只有中国，至少在锂电池车方向上是这样，其他国家只在某些方面还不错。我们不仅全产业链领先，还有全球最大的市场，而且消费者越来越接受新能源车，接受国产车，可谓占尽天时地利人和。

目前新能源车发展动能强劲，势不可挡，技术进步及整车销量持续超预期。内燃机诞生100多年了，技术非常先进非常成熟，但如今看被新能源车颠覆的可能性越来越大，不是燃油车不行了，是它输给了时代。我们看数据，2012—2016年新能源车主要靠政策补贴驱动，这个时候增长其实是缓慢的，那几年新能源车渗透率还不足2%。2017—2021年，全球新能源车销量由116.21万辆增长到620.12万辆。全球新能源车销量预计将以29.8%的年复合增长率增长，预计2026年全球新能源车渗透率将达到30.1%。我觉得未来会达到90%以上。反观燃油车，销量一年比一年差，可谓日薄西山。所以新能源车代替传统燃油车是大势所趋，目前只是预热。现在新能源车已经成了大家争相了解并且愿意为之计划购买的商品了，这个趋势正在不断强化。从投资角度看，这个产业距离天花板还远着呢，未来以及未来的未来就是新能源车的天下。

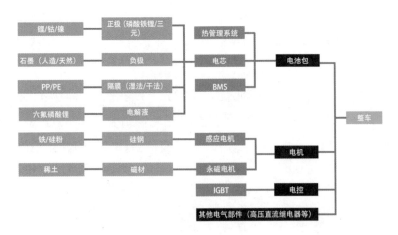

图6-21　新能源车产业链示意

1.投资选择与回报预判。

新能源车依然处在试水阶段，用一句诗形容就是"小荷才露尖尖角"，距离高潮还有十万八千里！目前全球乘用车保有量14亿辆，其中新能源车2000多万辆，新能源车占比很低。从我们国家的情况看，目前乘用车保有量接近3.2亿辆，预计到2022年底新能源车保有量为1300万辆。以后新能源车将取代燃油车，这个空间是巨大的。

行业是好行业，大行业，高速发展的行业，但落实到投资上，选择难度很大，因为全世界都看好新能源车投资机会，资本纷纷入局。二级市场上也是轰轰烈烈，股价涨三五倍的都不好意思说话，五倍十倍的一大批，几十倍的也不少。那还怎么投资呢？

确实有些尴尬，我书写到这，不可能不提新能源车，但股价狂飙之后，谈这个事是巨大的挑战。我需要直面它，并找到机会。

展望未来十年，我选择上游的锂、稀土、锂电一体化龙头企业。

必须有自己的锂矿，自己的稀土矿，只有加工技术的不选。理由很简单，有自己的矿才有自主权，才能掌控命运。上游有镍、锂、钴、稀土等，为啥只选择锂和稀土？是这样的，行业初期无所谓，上游资源股闭着眼睛买都能大涨，但今天不一样了，锂电池技术在更新迭代，某电动车龙头甚至弄出了个无钴电池，镍好像不是那么稀缺。稀土是国家战略资源，受严格管控。你要生产电池就必须用锂和稀土。现在某电池龙头搞出来了钠离子电池，但它跟锂电池差得还很远，你把它弄到汽车上试试，看看有几个人买，没销量白搭。我们还是需要锂电池，尤其是高端的锂电池，以及未来锂电池的理想目标——固态锂电池。

为什么是锂？锂，原子序数3，原子量6.941，是密度最小的一种金属，自然界最轻的碱金属元素，化学性质活泼。它的天然属性决定了锂离子电池是最理想的高能储能电池。

至于总有人担心锂会产能过剩，我觉得问题不大，对锂的需求是长期的，即使阶段性产能过剩，市场也会自发调节。新能源车的发展还处于早期阶段，电动车最终要替代燃油车，这是趋势，这是一个长期的大事，不是三年五载能实现的。还有一点没人想到，那就是电池内部替代，更好的电池替代以前的电池，最后就是固态电池替代前面的电池（我认为固态电池技术真正实现革命性突破的那一刻，电动汽车的时代才会真正到来），这么几轮替代下来我们就能看到比较理想的电动车了。所以，盛筵还没开始呢，急啥。

为什么是稀土？因为是刚需，锂电池必须用电机，电机必须用稀土，从性能、经济效益等方面综合评估，用稀土是最优选择，短期看不存在被替代的可能。我选的稀土企业必须有自己的矿，这很重要。北方稀土的事对我触动很大，值得每一位投资者警觉。

为什么是锂电一体化龙头？拥有自己的锂矿、自己的电池，回旋余地大，抗风险能力强，景气周期更持久。

代表性企业：天齐锂业（锂矿、锂盐）、赣锋锂业（锂电一体化）、广晟有色（稀土）、西藏矿业（锂矿）等。

2.介入时机与个股选择。

目前该板块处于见顶回落、消化估值阶段，虽然未来依然值得看好，但毕竟板块经过爆炒，涨幅十几倍、几十倍的比比皆是，目前处于暴涨后的调整期。对于这样的热门行业里的股票，股价"拦腰斩"是我们介入的前提，就是适用"30、50、70建仓法"的第二条建仓线，即股价（市值）先腰斩再说，有些企业可能"拦腰斩"还不够，因为涨幅太大了，比如西藏矿业，两年时间从6元涨到86元，泡沫太大，要建仓可能需要"膝盖斩"，所以需要具体分析。另外，这里面要注意企业有没有送转股，尤其是频繁送转股，送转股会带来股价下跌假象。

（二）光伏：从谷底到世界第一

我国的光伏行业经历了起步、发展、衰退、盘整、行业出清等几个时期，折腾得够狠的，但也打下了坚实的发展基础。近几年借助全球"碳中和"东风，我国光伏行业迎来全面爆发，目前多项指标已居世界第一。因此，说到光伏我是很激动的，在这个领域我们是老大，一眼望去，四周全是小弟。

这些年我们在高科技方面被美国制裁得太狠了，但在光伏产业链上我们综合实力是世界第一，我们在光伏技术上处于领先位置，所以在这个领域我们有先发优势。但是，尽管美国及其盟友在光伏技术上不如我们，价格比我们贵很多，他们的产品竞争不过我们，可是他们依然在搞事情，在光伏产品出口上给我们设置障碍。真的很烦，我们技术上不如他们的领域，比如芯片半导体，他们玩命地制裁、打压；我们技术上领先他们的领域，他们换一种方式打压。

打压归打压，阻碍不了我们在光伏领域继续领跑。这玩意儿是太阳能发电，我们国家日照还是很充裕的，美国的手再大，能遮住我们的太阳吗？

太阳能发电有什么好处呢？太阳能取之不尽、用之不竭，且几乎没有原料成本，更重要的是，在光伏发电的过程中，是没有碳排放的。另外一个好处就是，光伏的使用场景比较广，可以在水面、沙漠、戈壁、屋顶等各种场景下应用。王传福说我们1%的沙漠铺满光伏可以解决全国人民用电，此言不虚。遇上光伏，我们的沙漠成了宝贝了，这是上天对我们的馈赠！

有充裕的阳光、一流的技术、广袤的沙漠、最全的产业链，光伏，我们玩得转！

当然，发电成本制约了光伏的发展进程，可喜的是，目前光伏发电的成本已经和火电相差不多，未来仍有可以下降的空间，所以说太阳能发电前途光明。

1.光伏产业链。

光伏产业链包括硅料、铸锭（拉棒）、切片、电池片、电池组件、应用系统等6个环节。（见图6-22）

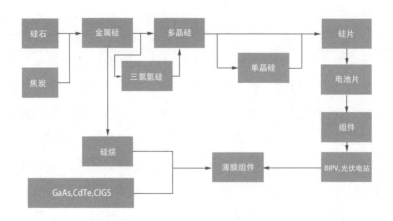

图 6-22　光伏产业链示意

光伏产业链上游为硅料、硅片环节；中游为电池片、电池组件环节；下游为应用系统环节。从全球范围来看，产业链 6 个环节所涉及企业数量依次大幅增加，光伏市场产业链呈金字塔形结构。在整个产业链中，硅料尤其是高纯度的硅料毛利率最高。

目前，大部分光伏企业的产品集中在硅片、电池片、电池组件以及应用系统方面。硅料的利润增长点主要来自高纯度的多晶硅，而纯度较低的工业硅（纯度为 98%～99%）价格极为低廉。工业硅料的生产主要在发展中国家进行，是产业链中高能耗、高污染的一环。

随着全球能源需求不断升高、传统能源价格居高不下以及环境问题关注度不断提升，可再生能源在全球范围内得到快速发展。在此背景下，中国涌现了一大批优秀的太阳能光伏企业，在技术、产能及产业链的完备上领跑全球。

2. 现状与趋势。

毫无疑问，我国光伏产业处在快速发展的轨道上。2022 年上半年，即使在复杂严峻的国内外形势之下，光伏产业链主要环节产量同比增速超过 45%。

在"双碳"大背景下，随着全世界下游发电需求的进一步提升，整个光伏产业链正行驶在发展的高速公路上。预计未来几个季度硅片新势力扩产超预期,产能爬坡速度较快,同时相关企业也在酝酿新一轮扩产计划,硅料实际需求将被放大。在"双碳"目标的加持下,中国光伏行业协会预测,2025年全球光伏新增装机将达330 GW,中国将占三分之一。

另外,新能源车对用电需求的增加不可小觑。事实上新能源车才初露锋芒,未来新能源车的销量将成倍增长,甚至有望取代燃油车,汽车能源从石油变成了电,这个需求量实在太大,作为新能源发电主力的光伏,任重而道远。你们谁能想到这?未来汽车全部用电带来多大的用电需求?

总体来看,在政策强力驱动下,我国光伏产业十多年来获得了长足发展,产业规模、技术水平和产业配套体系方面位居全球前列,在国内和国际两个市场都表现亮眼。但是,按照目前的产能规划及发展趋势,供大于求的局面会不会再次袭来?会不会再次进入产业出清的阴霾?我国2020年9月刚宣布"双碳"目标,这才过去两年多,作为新能源主力军的光伏产业链就要过剩了?部分企业在竞争中倒下被淘汰是可能的,谈过剩为时尚早。在全球碳中和大目标下,光伏企业可以拥有更大的机遇和更长远的未来。作为投资者,我们要看到机遇,也要为可能的困难做准备。

3.投资选择与回报预测。

我国光伏行业十多年来一波三折,如今终于走到世界第一梯队。虽然这些年总有人喊产能过剩,但也没见过剩多少,生产得多,需求更多。我认为未来仍有较长时期的发展机会。

投资策略上,我们聚焦产业链上的龙头企业,或买入龙头企业的可转债,可转债既有债的属性又有股的属性,在风险可控的基础上合理展望未来收益。目前光伏行业几个龙头企业市值在几百亿元到几千亿元,市值最大的是隆基绿能,也就3000多亿元,它们作为全球龙头,还有较大增长潜力,比如隆基绿能、TCL中环、通威股份、阳光电源、锦浪科技、天合光能、晶科能源、迈为股份、特变电工、派能科技等。

鉴于光伏板块过去几年在走牛市，涨幅巨大，目前处于见顶回落状态，针对爆炒后的板块，我们要判断未来它还有没有机会，若有机会，我们怎么参与。很显然，光伏板块发展前景是光明的，空间是广阔的。个股投资上运用"30、50、70建仓法"第二建仓线，就是先腰斩再说。因为我们盯的是龙头，龙头的特点是领涨、领跌，建仓方面需要更大的折扣。另外，我们也可以通过光伏ETF参与该板块投资。

截至2022年11月14日，光伏板块指数3042点，根据过往经验，高景气板块暴涨后回调幅度会比较大，预测板块指数调整30%～40%，龙头股调整40%～60%，然后走出新一轮牛市。至于未来空间有多大，这个我们通过对比来看。我觉得可类比的行业有通信、新能源车等，我们国家的通信行业的老大没上市，若上市估计有好几万亿元市值，新能源车行业万亿元级别的公司有好几家了，比如比亚迪、宁德时代、特斯拉等，相较而言光伏龙头市值还差得远，翻一倍也够不着，所以光伏板块空间巨大。

作为全球性的大产业，光伏产业水大鱼多，玩家众多，关于相关个股的研究及策略可参考上面同为新能源领域的新能源车产业链相关个股的研究方法与投资策略。

风险因素：①不管是新能源车产业链还是光伏产业链，最大的风险不是产能过剩，因为市场本身有产能调节的功能，最大的风险或者说变数在于技术路线变革或重大技术突破带来的影响，由此可能引发上游材料被摈弃或者被替代的风险，现有电池被部分或完全取代的风险，这方面要密切跟踪。②地缘政治风险。我国新能源产业已领跑全球，想低调也低调不了，随时面临美国及其盟友的制裁打压。

六　中医药：国粹可以走向世界

中医药是中华民族的伟大创造，是中华优秀传统文化的重要载体。

中医药有着几千年的历史，博大精深。作为最具中国特色的医学体系和范式，中医药形成于中华民族长期生产生活实践，根植于传统文化土壤，融于华夏文明血脉，是经过一代代人亲身"试"出来的、"吃"出来的，是一代代人的艰辛付出，甚至付出生命的代价，留下来的智慧结晶。

中医药作为中国的国粹，作为中华文明的重要标志，作为中华文化的重要载体，作为中华民族传承数千年的瑰宝，理当作为皇冠上的明珠一样被珍惜。但很遗憾，多年来一直重视不够，"辅助治疗"的定位让中医药满心委屈地弯着腰走路，在夹缝中求生存、求发展。

尤其在西学思潮影响下，几乎形成了西医文化一统天下的局面，中医药处境尴尬。2020 年初新冠疫情暴发后，中医药在抗击疫情中发挥了重要作用，让国人看到了中医药的价值，重新认识了中医药，重新审视中医药的位置与未来。

领导层审时度势，高屋建瓴，抓住绝佳时机推动中医药文化复兴，从中医药进课堂，进教科书，再到医院增设中医科室，增加中医病床，各地创建中医药文化园，社区医院配置中医馆等，中医药复兴之路阔步而至。

近年来，我国政府对中医药行业的扶持力度不断加大，相继出台了一系列重大政策，为中医药行业的快速发展提供了有力保障。随着中医药知识的普及和中医药文化影响力不断提升，中医药必将完成从"辅助治疗"向"治病、治未病"的华丽转身。曙光已现，整个行业将迎来大反转。

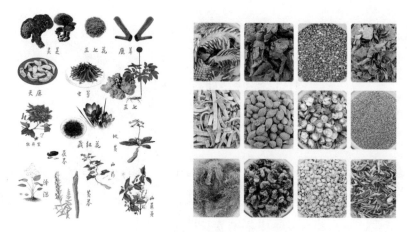

图 6-23　中药举例

（一）宏观层面，发展中医药已上升为国家战略

促进中医药发展已经上升为国家战略，从顶层设计到具体措施，国家出台了多项政策鼓励中医药发展，涉及医保支付、审评审批规则优化、鼓励中药创新和人才发展、中医医疗服务体系建设、社区医院全覆盖中医馆等方方面面。

随着政策红利的持续释放，叠加中医药在新冠疫情中发挥的独特作用，目前正进入政策利好的落实兑现阶段，整个中医药行业处于政策红利释放阶段，中医药行业正迈入黄金发展时期。

党的二十大报告为中医药发展树旗帜、指方向，明确指出，"推进健康中国建设"，"把保障人民健康放在优先发展的战略位置"，"建立生育支持政策体系"，"实施积极应对人口老龄化国家战略"，"促进中医药传承创新发展"。

（二）中观层面，政策持续发力

政策不断加码，效果逐渐显现，行业迎来春天，发展大机遇正式到来。

2009 年，国务院发布《关于扶持和促进中医药事业发展的若干意见》，逐步形成了相对完善的中医药政策体系。

2019 年 10 月，《中共中央国务院关于促进中医药传承创新发展的意见》颁布，明确了中医药传承创新发展的目标方向和具体举措。

2020 年 9 月，《中药注册分类及申报资料要求》发布，中药创新药被单列作为第一大类，中医药传承创新发展步伐加速。

2020 年 12 月，国家药监局发布《关于促进中药传承创新发展的实施意见》。

此外，国家先后出台《关于加快中医药特色发展若干政策措施的通知》《关于医保支持中医药传承创新发展的指导意见》等若干文件，从政策端到审批端到支付端，都实现了政策红利加码。

2021 年 3 月，国务院新闻办公室举行新闻发布会，我国将构建中医药理论、人用经验和临床试验相结合的中药注册审评证据体系，为中药新药研发带来了新的历史发展机遇。

2022 年 3 月发布《"十四五"中医药发展规划》（以下简称《规划》），是国务院办公厅印发的关于中医药 5 年发展规划，这是一个重大的里程碑意义的行动总纲，在中医药供给和资源总量、质量标准建设、医保准入、中医药创新、中医药国际化等方面做出具体的发展要求。《规划》提出："持续加强县办中医医疗机构建设，基本实现县办中医医疗机构全覆盖。加强基层医疗卫生机构中医药科室建设，力争实现全部社区卫生服务中心和乡镇卫生院设置中医馆、配备中医医师，100% 的社区卫生服务站和 80% 以上的村卫生室能够提供中医药服务。实施名医堂工程，打造一批名医团队运营的精品中医机构。鼓励有资质的中医专业技术人员特别是名老中医开办中医诊所。"

根据《"健康中国 2030"规划纲要》，2030 年中药及相关产业市场预计接近 5 万亿元。2022 年中药市场规模 1 万亿元，整个中药市场规模还处于娃娃阶段，八年后达到 5 万亿元，远期看绝不会止步于 5 万亿元。

集采政策对中药相对温和，政策扶持的倾向性明确。

（三）微观层面，品牌建设初步取得成效

目前有一批响当当的家喻户晓的国药大品牌，如云南白药、同仁堂、片仔癀、白云山、广誉远、太极集团、华润三九、桂林三金、葫芦娃、葵花等；有一批颇具影响力的独具特色的中医药产品，如片仔癀（锭剂）、云南白药（气雾剂）、安宫牛黄丸、龟龄集、定坤丹、蒲地蓝、连花清瘟、急支糖浆、蓝芩口服液、金振口服液、宣肺败毒颗粒等，呈现出生机勃勃之气象，有望借政策东风做大做强。

中药具备先天性优势，世界唯一，难以被替代。老字号品牌优势更明显，药效独特，鲜有竞争。展望未来，中医药将会随着中国综合国力的提升而进一步走向世界，又一片巨大的消费市场打开。我们要充分发挥优势品牌的带动作用，守正创新，做大做强，立足中国，走向世界，为世界人民的生命健康贡献中国智慧和中国力量。目前，中药已经进入196个国家和地区，走向世界的步子将越迈越大，走向世界的深度和广度都将大幅度提升。

从市值规模看，中国超大市值公司都是银行、能源等垄断企业，医药公司还是默默无闻的小字辈。中药板块当前总市值不到8000亿元，这么点市值还没有美国一家头部医药企业的市值大。这与中医药行业未来的定位不匹配，作为中国国粹的中药，行业性低估明显，增长潜力巨大。

（四）为应对人口老龄化助力

人口结构问题，是宏观层面的事，我之所以单独拎出来谈，是因为其具有特殊性和重要性，这对中医药行业的影响太大了。

必须承认和面对，深度老龄化社会到来了。截至2021年底，我国60岁及以上人口达2.67亿人，且以每年1000万的速度增加，甚至速度还越来越快，未来10年，我们这方面可能会超过日本，也就是三分之一都是老年人。

具体来看，中国20世纪60年代出生的人口有4亿人，现在50多岁，这代人消费能力强，在未来二三十年会慢慢老去。中国第一次婴儿潮发生在1962—1970年，每年出生人口均高于2400万人。1963年更是生育大年，新生儿当年达到2975万人，是中国人口出生率最高、新生儿最多的一年。2023年，1963年出生的男性满60周岁，开始切换到退休养老的人生轨道。65岁以上老年人口的数量和比例不断上升，达到了2亿人，占全国总人口的14.2%，参考深度老龄化指标14%，形势不容乐观。

另外，第一次婴儿潮人群当前年龄为52～60岁，几年后65岁以上人口将显著上升。随着人口出生率的持续低迷和人均预期寿命的延长，老龄化加速的趋势明显。根据联合国《世界人口展望2019》预测，到2060年中国65岁以上老年人口规模将达到峰值3.98亿人，占比达29.83%。2060年，健康产业将是中国最大的产业。

老龄化时代叠加人均预期寿命的延长，对中医药的需求将呈几何级增长，中医药将在提高生存质量和延长寿命方面发挥独特优势，为人类活得好活得久贡献力量。

老年人常见病如糖尿病、高血压、心脏病等都是慢性病，一旦患上就很难根治，只能终身服药缓解症状，中药在这些慢性病的对症治疗上有优势，副作用小，疗效确切。

（五）投资机会与空间研判

未来20年，大牛股将会集中在大健康（包括医药、医疗器械等）、硬科技、科技互联网、新能源等增量领域，这些领域都会有不俗的表现。传统产业里面，确定性最强的当属中医药。之所以这么说，是因为未来20年的演绎过程中一个重要变量是出生率的下降和老龄化的加剧，这对绝大多数行业都是利空，但对中医药行业是重大利好。我们看未来20年，中药将是传统产业里最优投资赛道，不考虑集采影响，行业整体有10倍以上增长空间（若考虑集采影响，就要打折，这需要继续跟踪观察，目前来看集采政策对中药较温和，保护性倾向明显）。部分估值低、竞争力强、创新力强的中药企业增长空间会远超行业整体，涨几十倍上百倍都是有可能的。

目前中药行业估值处于历史中枢偏上的位置，市盈率35倍，市净率3倍。但投资是看未来的，由于中药基本面发生了反转，未来业绩高增长确定性高，其估值也必然发生变化。

中证中药月K线两连阳，两连阳前面三连阴，说明板块经历了极度悲观情绪冲击，目前情绪已转向积极。（见图6-24）我们仔细观察过往的月线，阴阳交替，能走出三连阳四连阳，但接着就是三连阴四连阴，呈胶着状，非牛非熊，振荡市。但未来会有积极变化，走出牛市格局。

图6-24　中证中药月K线

从年K线看，该指数十年中前面四年全是阴线，2019年开始有回暖迹象，走出了三根阳线，但涨幅温和，呈现弱复苏迹象。（见图6-25）

图 6-25　中证中药年 K 线

　　未来涨升空间预测。我对中药的未来持乐观态度，在党的二十大报告和《"十四五"中医药发展规划》的引领下，叠加深度老龄化社会来临，2022 年将成为中医药发展史上的转折之年。我预判未来 20 年中药板块有望成为传统产业第一领涨板块，从本轮牛市起涨点 9018 点算起，未来 20 年，该板块涨幅有望超过 10 倍，其他传统产业很难有整体性的大机会。

　　（六）如何抓住中医药板块的大机遇

　　老龄化社会扑面而来，老龄化将助推中医药的大繁荣，必将催生一批大市值的中药企业。落实到投资上，我的习惯是行业（板块）ETF+行业（板块）龙头组合，我对自己看好的行业或板块都这么干，简单易行。单就中药股的投资，还可以有更多选择，因为中药历史文化背景独特，并由此形成了不少兼具知名度、美誉度的大品牌，这些优势品牌将在中医药大发展的时代背景下大有作为，所以投资组合上可以做个"大品牌组合"，比如把华润三九、太极集团、同仁堂、达仁堂、片仔癀等企业组合一下，就是一个非常值得期待的投资选择。对于绝大多数散户来说，并没有能力把握个股，也没必要选个股，选了也拿不住，因为没有判断趋势的能力，涨起来就兴奋地追进去，一个突然的大回撤又吓傻了，于是乎追涨杀跌永无宁日，白白浪费行情、浪费资金、浪费光阴。在行业爆发初期，最可行的做法就是买入行业ETF，通过中药ETF分享行业整体性的红利，再适当做些仓位管理（加减仓）就足够了。

我个人对中药板块的投资方式更多元一些，因为我对中药有深入的研究，很多产品我都吃过，包括中成药、需要煎熬的草药，我还亲自调试了很多药方，比如治疗哮喘病的药方、治疗慢性鼻炎的药方等。中医药的潜力太大了，需要一代代人持续不断地挖掘。那些唱空、唱衰中医药的人，说中医药缺乏实验的人，要么是真傻，要么是真坏。

回到投资上，我说了，为了研究中医药的价值，为了有更真切的体验，我吃了很多中药。我认为可以通过评估一种药的价值来看企业的价值，比如说片仔癀，我觉得这个药价值上万亿元，片仔癀公司目前市值才1000多亿元，这显然是可以重点关注的机会。再比如龟龄集药、龟龄集酒，我觉得这个药的价值在1000亿元以上，这个酒的价值在500亿元以上，但生产企业广誉远市值才100多亿元，这里面问题复杂但并非无解，这就需要密切跟踪关注，一旦出现困境反转，可能就是大机会，你要能跟得上。大家注意，这里是研究企业，不是推荐股票，即使我们深入研究的企业，若达不到买入条件，我们只能继续观察或者放弃。

关于片仔癀的价值前面已经做了专门研究，这里不再啰嗦。我想谈谈龟龄集药和龟龄集酒。为什么它们有价值？这个药可以明显改善亚健康，增强性功能，不仅延年益寿，还能让你更好地享受幸福生活。有记载，古代皇帝吃，达官贵族吃，有皇家背书，所以这个药很好做文章，而且是大文章，一个好东西，疗效确切，它不应该是今天这个境地。你可以每年吃几盒试试，身体机能会大幅改善，雄风再现。这个酒更好做文章，酒文化是中国文化的重要组成部分，把酒文化和健康结合，以它的背景，做成中国保健酒第一品牌是可以期待的。这个酒和药，都是老龄化深度受益的品种，为老年人健康长寿快乐保驾护航，功德无量，所以市场潜力巨大。我为什么单独谈片仔癀和龟龄集？因为这都是宫廷御药，背景独特，底蕴深厚，能把它们弄明白你就可以发现大机会，所以对于中药投资，个股层面要深度挖掘。

片仔癀的宫廷背景前面介绍过，这里说说龟龄集的皇家背景。明代中叶，明世宗朱厚熜下诏广征医方，方士邵元节和陶仲文以宋代张君房编纂之《云笈七签》中所载的"老君益寿散"为基础，集众多滋补良药所长，反复斟酌、加减化裁，精心配伍、拟定处方，并采取"炉鼎升炼"的技术，制成了号称可以长生不老的"仙药"献上。嘉靖帝服后，果然身体健康，连续生子。嘉靖帝赐名"龟龄集"——取灵龟长生不老之意。邵、陶因而受赏，龟龄集遂成为"御用圣药"。陶仲文有个义子，原籍山西太谷，他在邵、陶的指导下，为皇帝炼制龟龄集，并兼任皇帝的医药总管。邵、陶死后，他告老还乡，将龟龄集处方带回，自己升炼服用，并馈赠亲友。后来，龟龄集处方辗转传入"广盛药号"。从此龟龄集便成了山西太谷独特的方剂，作为商品流传开了。几百年间，由广盛药号演变为广升聚、广升蔚、广升远、广誉远等一系列专制龟龄集的药号，并在国内各大城市设立分号，于是以"远"字为商标的龟龄集更加驰誉海内外。当然中药值得投资的标的远不止片仔癀、广誉远，中药是宝藏，需要深入挖掘，我这里只是作为研究案例。

整体来看，中药板块目前的状态是困境反转，或叫价值发现，它与前面说的其他标的都不一样，行业不同，周期也不同，所以投资策略也不同。该板块过去多年在"辅助治疗"的束缚下存在，处于散步游走状态，行业整体平淡无奇，属于尚未爆发过的板块。在政策加持下，它的基本面面临反转，针对这类情况，如果你错过了前期低位买入的机会，投资上可以采取"当下"策略，"当下"策略强调即时买进，即最好的建仓时点就是当下，用"当下"策略小仓位打头仓，然后观察走势，等待它下跌，欢迎它下跌。这里需要特别强调的是，"当下"策略的好处是有效防止踏空，坏的方面是很容易吃套，出手之前要想清楚可能面临的结果及应对策略，以免乱了阵脚。对于启动初期的标的，我的习惯是及时介入，拿到便宜的筹码，如此便可以更轻松地面对以后的颠簸。

在一系列利好政策刺激下，中药板块已经有了一定的涨幅，按现在的股价粗略预测，底部起来差不多40%，涨幅大而快，回调的概率也在快速增大，如果你害怕追高被套，那可以再等等，等回调后介入。牛市初期的走势都是一波三折的，对于在牛市途中的板块，运用"30、50、70建仓法"捕捉"牛回头"的机会，进入第一建仓线左侧值即可建仓。只要出现20%以上的跌幅就会进入"30、50、70建仓法"第一建仓线的左侧值，对此认知不清的可以复习前面讲的"大股小市"理论。也许有人心里会犯嘀咕：那如果不跌怎么办？这样想说明你还是个新韭菜，你放心，再牛的板块或股票回调20%都是家常便饭，尤其是牛市初期，走势是极不稳定的。股市从来不缺机会，缺的是能发现机会的眼睛和耐心。

风险因素：目前位置长期风险为负数，作为将要大爆发的行业，风险在于误判形势，迟迟不敢下手；集采影响，这个需要跟踪评估，若集采政策加码，我们对该行业的预期需要打折。

【注】本篇研究报告没有对中药集采情况展开探讨，我本人对中药集采持保留意见，因为它的材料不像化学药品那样有统一标准。即使同类型的中成药，其药材的产地、质地可能差别巨大，集采整齐划一对该行业的创新发展可能是一定的阻碍。中药是药，但它有很强的消费属性，而消费品是分层的，不适合整齐划一，它适合差异化发展、差异化竞争，如果能在创新和竞争中走出一批享誉世界的中药品牌，那我们就成功了。当然，我人微言轻，影响不了相关决策，大家要密切注意这个事，做好跟踪、研究、评估。

小 结

本章内容较多，涉及的内容较广泛，有必要做个小结。我不想撒胡椒面儿面面俱到，我觉得有必要对"欢迎下跌"做个延伸，因为这个说法貌似违反常识。

本章内容多次谈到"欢迎下跌"，的确如此，我们欢迎下跌，因为从买入的角度看下跌符合买家的利益，超额收益来源于深跌，我们要珍惜优质资产的深度下跌提供的机会。

比如前面谈到的腾讯，假设它的股价未来突破 1000 元（含各种红利），你 200 元买入，涨到 1000 元就是 5 倍，如果你是去年（2021 年）2 月份 775 元买的，涨到 1000 元你能赚多少？且持有过程中还要承受巨大的煎熬。

比如我现在重点关注的科创 50、创业板 50、恒生科技等新兴产业指数，我非常期待它快点下跌，多跌一些。这些是我们国家未来若干年的核心资产，作为投资者，我希望买得便宜些，科创 50 现在估值在 33 倍（动态市盈率）、创业板 50 估值在 30 倍（动态市盈率)、恒生科技估值在 20 倍附近（动态市盈率），与历史估值相比都处于低位，泡沫挤得差不多了，跌幅也够深。但我还是天天盼着它跌，跌幅越大越好，因为我想买更多，想要更低的价格。对标纳斯达克 100（该指数当下的动态市盈率 22 倍），恒生科技估值与其接近，科创 50 和创业板 50 在估值上确实有下跌空间，当然，单纯比较估值是片面的，还要综合考虑不同市场的特点、标的指数的成长性等。

欢迎下跌，是我的真心话。我们是投资者，拿真金白银下注，我们不能含糊，不能像有些经济学家、金融学家、分析师那样说模棱两可的

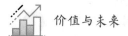
话，或者说看似正确却没有实际价值的话。我们必须明确，高就是高，低就是低，买就是买，卖就是卖，没有中间地带。

欢迎下跌，不考虑上涨，我们要做的是耐心等待。如此投资，我们还会有烦恼吗？巴菲特跳着踢踏舞去上班，我们跳着踢踏舞来炒股，从容应对涨跌，幸福快乐长寿。

第7章　寻找可以长期上涨的逻辑

一　32年近100倍！谁家的股市这么牛

印度孟买30指数！！！

32年近100倍！羡慕羡慕羡慕！！！

指数能涨这么多，根本不需要烧脑费神研究个股了，闭着眼买指数就能大赚！天上掉馅饼的事还真出现了！

相较上证指数多年徘徊在3000点，印度股市可谓是风头正劲、风光无两……我都羡慕到语痴的境地了，不知道怎么形容才更好，似乎怎么形容都不够。

太牛了！印度股市太牛了！服，彻底的服！

近10年、20年，甚至30年，全球股市表现最亮眼的，正是印度股市！当仁不让全球表现最好的市场，且没有之一。

什么美股、德股、英股、法股等通通靠边站！

还有谁不服的，来来来，比比。印度孟买30指数从1990年的659点涨到今天的61663点，32年时间涨了近100倍。这不是玩笑！千真万确！自己看图，有图有真相。

看日K线，有涨有跌趋势向上，走势健康。（见图7-1）

印度孟买sensex30指数(sensex)

61663.48 自选股

-87.12 （-0.14%） 2022-11-18 14:59:59

买入价:0.00   卖出价:0.00

最高价:61929.88   最低价:61337.43

| 分时 | 日K | 周线 | 月线 | 季线 | 年线 |

图 7-1　印度孟买 30 指数日 K 线

看月 K 线，震荡向上之后还是震荡向上，虽然新冠疫情暴发引发股指短期内快速下探，两个多月跌幅超 30%，但很快就来个旱地拔葱再创新高，继续震荡向上。（见图 7-2）

印度孟买sensex30指数(sensex)

61663.48 自选股

-87.12 （-0.14%） 2022-11-18 14:59:59

买入价:0.00   卖出价:0.00

最高价:61929.88   最低价:61337.43

| 分时 | 日K | 周线 | 月线 | 季线 | 年线 |

图 7-2　印度孟买 30 指数月 K 线

看季 K 线，上升趋势就比较明显了，过程中的小豁口犹如孩子成长过程中的掉牙换牙，是为了更健康地成长。（见图7-3）

印度孟买sensex30指数(sensex)

61663.48 ☑自选股

-87.12 （-0.14%） 2022-11-18 14:59:59

买入价:0.00　　　卖出价:0.00

最高价:61929.88　　最低价:61337.43

| 分时 | 日K | 周线 | 月线 | **季线** | 年线 |

SENSEX 印度孟买 SENSEX30指数（季线）63.48 -87.12 (-0.
—— 季线
CFi.CN

54755.
46933.
39111.
31288.
23466.
15644.
7822.2

3月　　　3月　　　3月
2012年　　2016年　　2020年

图 7-3　印度孟买 30 指数季 K 线

看年 K 线，一柱擎天的感觉立马来了，指数从 1990 年的 600 多点涨到了如今的 60000 多点，神一般的存在。（见图7-4）中间的所有波动被一把抹平，忽略不计。

图7-4 印度孟买30指数年K线

我们A股股民只能看看别人家的年K线图羡慕别人的幸福。

奇了怪了，印度股市似乎对坏消息脱敏了，不惧疫情肆虐，忽视美国的高通胀和猛加息，纵使俄乌冲突，也阻挡不了印度股市的大牛蹄子，穿越熊途一路向上！

印度股市为何如此牛？论经济实力不如我们，更不如美国，全国有一半人口生活在贫困线以下，怎么股市就能一往无前、激流勇进、一帆风顺、所向无敌、披荆斩棘呢？你看，我又来了，脑袋被印度股市刺激到了。

其实A股是有过牛市的，比如2007年和2015年大牛市，那也是波澜壮阔、牛气满满的，A股股民跑步进场，不过最后的情况大家都知道了，A股依然是那个A股，哪里来哪里去，股民都成了上市公司的股东！

那么，印度的股市凭什么就可以牛气冲天，拥有无穷的动力扶摇直上呢？

我认为主要有以下7点原因：

（1）年轻的人口结构。人口年轻化，人口结构合理。

（2）经济体量大、增速快，能够保持较大的增长惯性。

（3）产业结构以服务业为主，能够对接发达国家产业需求。

（4）工业增加值基数较低，具有较大的发展空间。

（5）印度股市对外资开放度非常高，外资在印度股市的投资比重维持在30%以上，成交量占比超过50%。

（6）股市制度红利不断增加。鼓励全民投资股票的实质利好多，民众积蓄向资本市场转移。

（7）注册制，真正的注册制。真正的注册制可以实现进出平衡有序，实现良性的新陈代谢，吐故纳新，优胜劣汰，永葆活力。

一个经济总量远不及我们的印度，股市能这么牛，还这么长时间维度一直牛，实属罕见。印度股市真正爆发，是在1992年之后。我们梳理下就会发现，这一年是印度股市大变革的开始，印度股市迎来了注册制，迎来了长牛的起点。

审视过往，我们发现印度指数1979—1991年的12年，长期在1000点以下徘徊，牛短熊长。1992年，印度当局大刀阔斧地推行注册制改革，自此印度股市的IPO数量迎来了超级大扩容：第一年，印度股市新增上市公司316家；第二年，新增上市公司549家；第三年，新增上市公司968家；第四年，新增上市公司达1281家……

在放开新股供应的同时，每年也有大量的上市公司被淘汰出局。大量的企业上市、退市，市场的优胜劣汰机制被激活，确保优秀的企业留在资本市场，僵尸企业被淘汰掉。

最终的结果是，印度股市指数始终跟踪、反映优秀的上市企业，使得该国指数的长期平均回报率，明显高于同期其国内GDP的增长速度。

综上可得：经济在发展，科技在进步，企业利润在增长，注册制在保驾护航，于是乎股市只剩下一种选择——震荡向上。

二　百年长牛是真的牛

美股百年长牛是资本市场的神话，也是真实的存在，并将通向未来。

我们有必要对此进行深入研究，以求找出百年长牛的秘密，以及这种牛途在未来的持续性。

范围扩大一点，时间缩短一点，我们看看多灾多难的过去十来年全球股市表现。据公开资料，我们发现涨幅最大的是印度股市，其次是美国股市，然后是泰国股市，再然后是英国股市、德国股市、日本股市，最后是 A 股，10 年上升 0.2%。

这里面涨幅靠前的除了泰国股市有些陌生，其他都是大家很熟悉的，欧美股市长期走牛，尤其美股百年长牛已广为人知，广为人羡。印度股市是过去 30 年的大黑马，遥遥领先全球。我们看涨幅靠前的美国股市、英国股市、德国股市、印度股市、日本股市，这些国家的股市有一个共同的地方，那就是在股票市场实行了注册制。当然，不是说实施发行注册制就能让市场焕发生机，必须是真正的、彻底的、全面的注册制，发行只是注册制的内涵之一。

限于篇幅，我以涨幅第一的印度股市和涨幅第二的美国股市为例，探讨注册制对股市的影响。这两个市场很有代表性，一个是全球经济实力排名第一的大国，一个是人口数量跟我们差不多的大国。印度股市的情况上一节谈过了，这里只谈美股。我们先看一下美股过往的走势图。

1.道琼斯指数K线图（月K线、季K线、年K线）。（见图7-5至图7-7）

图7-5　道琼斯指数月K线

图7-6　道琼斯指数季K线

图 7-7　道琼斯指数年 K 线

2.标普 500 指数 K 线图（月 K 线、季 K 线、年 K 线）。（见图 7-8 至图 7-10）

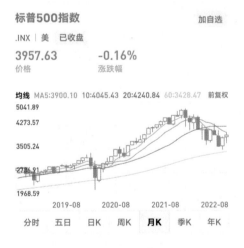

图 7-8　标普 500 指数月 K 线

标普500指数
加自选
.INX 美 已收盘
3957.63
价格
-0.16%
涨跌幅
均线 MA5:4125.04 10:4032.22 20:3438.54 60:2230.22
前复权
5142.28
4028.52
2914.76
1801.01
687.25
2013-03
2016-03
2019-03
2022-03
分时 五日 日K 周K 月K 季K 年K

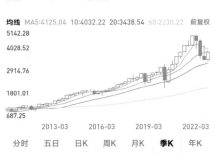

图 7-9 标普 500 指数季 K 线

标普500指数
加自选
.INX 美 已收盘
3957.63
价格
-0.16%
涨跌幅
均线 MA5:3643.50 10:2908.12 20:2074.99 60:--
前复权
5223.02
3831.41
2439.79
1048.17
-343.44
1983-12
1995-12
2007-12
2019-12
分时 五日 日K 周K 月K 季K 年K

图 7-10 标普 500 指数年 K 线

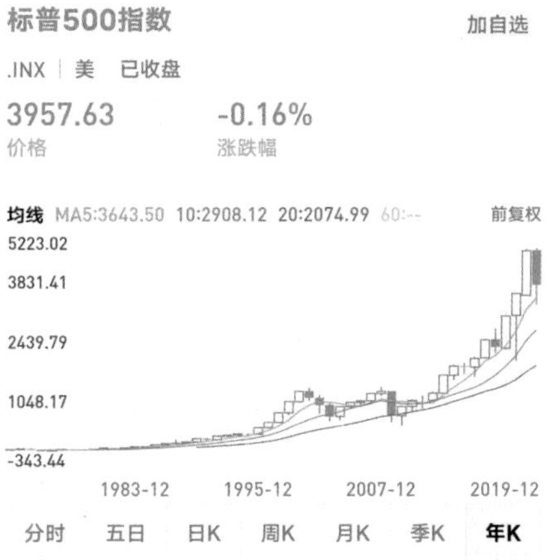

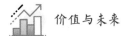
3.纳斯达克综合指数K线图（日K线、月K线、季K线、年K线）。
（见图7-11至图7-14）

图7-11　纳斯达克综合指数日K线

图7-12　纳斯达克综合指数月K线

图 7-13　纳斯达克综合指数季 K 线

图 7-14　纳斯达克综合指数年 K 线

我们看美股三大指数走出了相同的趋势——长牛，虽然涨幅不同，但都是牛市，长期向上。这绝非偶然事件。

这里我们以纳斯达克综合指数为代表谈谈美股长牛逻辑。事实上如果我们看短期走势，纳斯达克也是无厘头地漫步。纳斯达克综合指数日 K 线完全是随机漫步的状态。我们看月 K 线，虽然也有调整，但可以观察到牛市趋势。

从季线看，波动幅度明显降低，牛市特征就更加明显了。

从年线看，那就是一条大牛线，纵然个别年份可能出现较大回撤，但情绪稳定后会再创新高，继续牛市。也就是说，每次出现大的回调都是买入机会。

纳斯达克综合指数1971年2月8日发布，100基点，2021年11月涨到16212点，50年涨幅160倍，让人惊叹！

在年线上回望过往，居高临下的感觉实在太好。美股仿佛可以永远上涨。为什么会这样？是什么让美股如装了牛市发动机一般？

事实上，美股也好，欧洲股市也好，印度股市也好，这些走出长牛的股市都有一个重要的节点，那就是注册制的实施。

我们来剖析一下美股1933年开启的百年长牛。

从结果来看，美国实行注册制后股市确实都出现了惊人的涨幅，更重要的是有持续性。但这个长牛也不是一蹴而就的。

1933年美国确立了注册制，我们看看之前发生了什么。在之前的1929—1932年美股经历了一场大熊市，持续的时间长达33个月，跌幅达到了89%！但由于当时美国政府奉行不干预的自由主义经济政策，没有在股市暴跌时采取实质性的干预措施，从而导致了经济危机。

所以，美国股市的注册制是在一片萧条的环境下开始的。

1933年美国实施注册制之后，其实并没有立刻出现慢牛行情，而是经历了1933—1937年的疯牛和1937—1942年的慢熊，之后才看到了一轮百倍级别的慢牛行情。

这样的慢牛行情也不是只涨不跌，中间10%以上的回撤经常发生，每过几年就会出现30%左右的回撤，更大级别的回撤也偶有出现。比如2020年这次，跌幅之大，速度之快，令人惶恐。因为这次是亲身经历，且还没有走远，我就多说几句。那段时间我们几乎每周都见证历史，甚至每天见证历史，印象中美国股市在3月份出现了4次熔断，美国的股指期货更是多次跌停，美股三大股指都出现了30%以上的大幅下挫，并且是在很短的时间内，看看上面纳斯达克指数月K线图就会明白，2020

年上半年就那两根阴线，可以说是自由落体式的下跌。提到美股，大家都说走势强劲，都羡慕，因为之前走了 11 年的牛市，普遍的印象是美股以机构投资者为主，总是走牛步，似乎不应该出现断崖式的下跌，但是这次我们却看到了，并且这一次不仅我们震惊，连 90 岁高龄的股神巴菲特也感慨"活久见"，活了这么久，从来没见过这种跌法。

事实的确如此，美股的牛市并非坦途，10% 左右的调整很常见，偶尔的大跌也不稀奇，这些都不重要，重要的是指数可以不断创新高，可以抹平一切下跌的创伤，可以长期向上。这就是注册制前后的最大区别。

实行注册制之前，美国股市在泥坑里挣扎多年，短期回光返照一下，又回到泥坑里，这叫熊长牛短。前面讲的印度股市也是，注册制之前十几年的时间围绕 1000 点艰苦奋斗，偶尔露出牛蹄子蹦跶一下，这也叫熊长牛短。

注册制之后虽然也有熊市，也有恐怖的大跌，但长期向上攀登，股指不断刷新高，这叫牛长熊短，或者叫慢牛长牛，这是最广泛的叫法，拉长几十年看很壮观，压根儿看不见熊在哪，看到的全是牛。

这就必须回答一个问题，注册制后为什么可以出现长牛、慢牛？

毫不夸张地说，注册制是美国股市百年大牛市的根基。注册制的根本就是采用了财务退市标准和市场化退市标准，大进大出是优胜劣汰机制及资源配置功能的充分体现。

美股实行注册制后，上市效率与退市效率都大幅度提升。上市效率我们在 A 股已经感受到了，我们重点谈谈退市的事。数据显示，美股退市率是每年 4%～10%，每年大批量的企业退市，这是什么概念？假如 A 股按照这个退市比例，目前 5000 家上市企业每年要退市 200～500 家，你敢想吗？不敢！我们每年退市多少家？我不知道，我就知道迄今为止几十年加起来共退市 160 家，"只进不出"特征明显，垃圾全在，股市怎么可能走好。

有了注册制就实现了新陈代谢，进出有序，一批批符合时代方向的

企业上来，一批批被淘汰的企业离开，这样资本市场始终代表最前沿、最具活力的未来，这些优秀企业不断创造的利润推动着指数上行。

当然，并不是说注册制是万能神药，实行注册制就可以迎来长牛，不是这么回事。通过研究实行注册制后走出长牛的资本市场，我们发现不仅需要注册制，还需要相关配套政策落实到位，比如尊重市场、尊重规则，比如如何吸引外资、服务好外资，比如如何发展壮大机构投资者，为长期资金入市提供便利，等等，这些是制度设计和服务质量方面的事。最后一点才是真正的主角，就是要有优秀的企业，一批批优质企业愿意来你这个市场上市。这些优秀的企业，一批批优秀的企业，前仆后继，持续演绎通向未来的接力赛，正是一代代优秀企业的卓越表现、持续创造的利润把指数推向了天空。

三 如何把握长期上涨的"股票"

网上有个段子说人生三大境界：出淤泥而不染，濯清涟而不妖，炒A股而不亏。这当然是戏言，自嘲，却也透露出股民的心声，些许无奈，几多惆怅。那好，我来直面这个问题，这个还真有可能实现，比如前面我们谈的印度股市、美国股市，他们在实行注册制之后股指出现了长期的上升趋势，这不就是实现了股民的愿景吗？你也许会说那是别人家的股市，咱们A股能实现股民的愿景吗？我的观点是很难，过去很难，未来可期，具体理由后面章节详谈。

我们研究这些本身不是目的，研究的目的是认知和把握，就是要弄出个所以然，然后把握未来的机会。

比如印度孟买30指数，1990年至今涨了差不多100倍，但过程中也会出现大的调整，比如2020年印度疫情暴发，指数出现两个月的快速下跌，跌幅超过30%，之后发力上行创新高，重返牛途。

此刻，我打开正在交易中的印度孟买30指数，我们看分时图，可以看到最新指数是62922.53点，这是又创历史新高了吧！（见图7-15）

图 7-15　印度孟买 30 指数分时图（2022-11-30）

【注】分时走势图中的时间是印度时间，对应北京时间 17 时许。

结合印度孟买 30 指数在实行注册制后的历次大幅度调整，我们看到每一次大跌都是买入机会。

我们看纳斯达克，纳斯达克综合指数自 1971 年推出以来走出了长期牛市，波澜壮阔，2021 年最高涨到 16212 点，50 年涨了 100 多倍，过程中出现多次大幅度下跌，但每一次大跌的坑都被填平，没有例外，有人说纳斯达克就是为创新高而生的，此言非妄言。

眼下，纳斯达克再一次经受考验，在多重利空作用下从 16212 点一路下跌，跌幅超过 30%。

纳斯达克综合指数探到 10088 点开始震荡筑底，在加息幅度和节奏趋缓预期下，结合调整幅度及历史走势看，目前位置大概率就是底部了。

那么，我们该如何把握这些长期向上的"股票"呢？最好的策略就是大幅回调后买入。既不能买得太贵、太早，又要防范踏空，采取分批买入的策略。这类指数回调 30% 左右且估值合理或偏低，即开始建仓，具体买入比例、后续加仓比例应根据个人风险承受能力、具体资金情况、市场情绪等综合决定。我的习惯是估值回落到合理区间开仓，之后每下跌10%左右加仓一次。关键是要买，因为这类指数会随着时间推移继续创新高。

为什么不直接选科技股？为什么要选择ETF？为什么是纳斯达克？

"Any company can be listed，but time will tell the table（任何公司都可以上市，但时间证明一切）"，纳斯达克的这一理念让其格局大开，拥抱世界，无门槛地鼓励创业，为高科技、创新型公司填补亏损、解决融资难问题，为创新而烧钱，让时间来证明企业价值。对亏损企业的宽容，激发了资本市场的极大繁荣和创业创新活力。过去二十年，催生了谷歌、亚马逊、微软、Facebook、特斯拉等全球科技巨头，见证了网易、新浪、携程、百度、阿里、京东等中国优质互联网公司的崛起。

纳斯达克与全球伟大科技企业、创新企业是相互成就的。我们看看科技股的三波大行情，60年代末、90年代末和最近10多年，科技还是科技，纳斯达克还是纳斯达克，但科技竞争是革命性的，是取代与被取代，平静的表象下一直暗流涌动，英雄辈出，早年间的IBM、柯达、施乐等一众科技明星，如今被苹果、微软等取代。信息科技行业的整体ROE一直都挺高，虽然在科网泡沫破灭后出现了一次极速下跌，但即便如此，也维持了整体12%的中枢水平，高于美股整体的10%。所以投资科技赛道长期是跑赢市场的，在超长期的时光里，科技股整体看就是常青树，但个股永远是流星。正如我在前面说的，优质的指数基金（ETF）是永远的成长股，纳斯达克正是如此。比如你打算持有30年不动，你今天买纳斯达克指数会有很不错的收益，但如果你今天买这个指数里面的成分股，30年后大概率歇菜，包括今天看起来无比强大的苹果、微软、亚马逊、特斯拉、谷歌、英伟达……至此，我算是把上面三个问题回答清楚了吧。

我看了下，收盘点数是10342.94点，前期高点16212点，这个前期高点也是历史最高点。大家可能不太熟悉，我多截几张图展示。这个指数诞生于1971年，基点为100点，粗略看一眼就知道曾涨了160多倍。（见图7-16）160多倍是复利的结果，是一代代优质成分股的业绩推上去的。

图7-16　纳斯达克指数年K线

50年（1971—2021年）涨160多倍，纳斯达克创造了奇迹，涨幅远远超过其他大类资产。也就是说，我们用最笨的投资方法，买指数，也能获得很好的回报，这是最简单的致富办法了，买入后拿住就可以了。我为什么谈这个指数，而不是上证指数？很显然，我认为上证指数不适合投资，一是上证指数属于全品类指数，过于庞杂；二是制度问题导致新陈代谢不畅，所以很难有太好的表现。看到网上有人统计，在A股历史上，上证指数跌破3000点有50多次了。第一次跨过3000点是2007年初的事，2007年2月26日上证指数第一次突破3000点，在2月27日上证指数当日放出巨量，暴跌8.84%。这个指数样本股是在上海证券交易所上市的全部股票，公司基本面参差不齐，加上退市制度不完善，新陈代谢缓慢。纳斯达克指数新陈代谢很快，上市、退市基本平衡，成分股是有限的，优胜劣汰，真正实现了鼓励创新的目的，培育了一大批全球科技巨头，所以这个指数可以长期跑起来。当然，这只是两个指数的简单对比，其表现迥异的背后是有深层次原因的，后面章节会深入探讨。

图 7-17　纳斯达克指数日 K 线

目前来看，纳斯达克指数距离高点有约 50% 的潜在收益，且常识告诉我们这个指数一定会创新高的。这个标的特别适合我的"大股小市"理论之"30、50、70 建仓法"，从 16212 点跌到 10342 点，跌幅 36%，已经进入"30、50、70 建仓法"第一建仓线。

从估值看，20 倍出点头，历史上看，这个位置不贵，也算不上多便宜，处于合理位置。对于这种成长性突出的优质资产，我们现在就可以计划买入了，但要控制节奏。因为现在俄乌冲突激战正酣，全球恐慌，指数有跌破 10000 点的可能，等跌破 10000 点再次加仓，这样的话成本会下降，如果出现极端情况，比如跌到 8000 点，则进入"30、50、70 建仓法"第二建仓线，应提高仓位。对一个长期必然创新高的资产，它的价值随着价格的下降而升高，跌得越多潜在回报就越高，理解这一点至关重要。也许有人担心会像 2000 年纳斯达克崩盘那样跌去百分之七八十，我觉得不会，背景不同，估值也不同，背景太复杂三言两语说不清，我们就看最核心的东西——估值，2000年纳斯达克崩盘的时候市盈率80倍，今天的纳斯达克的市盈率只有20多倍，下跌空间有限。

当然，我们不怕跌，我们欢迎下跌，"大股小市"理论基础之一就是股市必然下跌。对于我们锚定的优质资产，我们欢迎下跌。纳斯达克就是一个优质的成长性资产，这类资产的特点就是高波动，我们的理论对这类资产持友好态度，我们喜欢高波动的优质资产。

耐心建仓，然后耐心持有，等待合适的机会适当减仓，以平衡风险收益，提高持股体验感。比如指数突破20000点可以减仓一半，这样成本归零，甚至为负，然后持股期限可以无限期。什么叫无限期？就是100年、200年、300年……传给子孙后代。至于收益是多少倍，就看你们家族持有的期限了。听我这么说是不是觉得投资很简单呢？是不是突然悟道了呢？是不是意识到投资赚几十倍几百倍也不是传说？是不是觉得巴菲特更亲近、更熟悉了呢？

图7-18　纳斯达克指数周K线

说得更具体点，纳斯达克指数未来可能会突破20000点、30000点……。秘密在哪里？新陈代谢，永远成长。指数还是那个指数，30年前与30年后的成分股基本是两个样。我们只需要拿住这个大股票（我把指数看成一只大股票）就自动完成新陈代谢，持续成长。另外，具体怎么弄呢？很简单，选ETF，盯着指数做就可以了，根据指数的估值情况买卖纳指ETF，比如513100。

图 7-19　纳斯达克指数月 K 线

大家看看本部分的插图，无论是日 K 线、周 K 线、月 K 线，都显示处于超跌状态。什么高通胀、美联储大幅度加息、地缘政治紧张、俄乌冲突风险加剧，等等，这些都在一次次压制着股市。我要说的是，那些只是股市高估值调整的冠冕堂皇的理由。股市有自身的规律，涨多了就要跌。好了，跌下来了，我们要干什么？买呀！你要敢于在一片惶恐中果断出手。毫不客气地说，纳斯达克指数十年一遇的投资机会，就在当下，这个位置即使不是未来10年的最低点也会是次低点，就是说再往下跌幅非常有限了，现在买入未来会有超额收益，至于能赚多少倍关键在你，在于你持有的周期有多长。小伙伴们不要觉得惊讶，这是基本规律、基本逻辑，业绩增长的逻辑，人类进步的逻辑，我们的决策只需要在正确的方向上与时间站在一起，静待时间的玫瑰完美绽放！至于依据是啥？肯定不是东东哥掐指一算，依据在我的书里，用心读我的书，依据就会走进你的心里。

最考验灵魂的问题：A股有这样的投资机会吗？A股何时能开启百年长牛？这个可以回答，关注本书后面内容就会有答案。

第8章 相信国运，相信未来

一　一生的信仰陪伴：国运是最长的坡、最厚的雪

投资长期来说就是赌国运。巴菲特说过，没有人可以通过做空自己的国家发财，最终我们得到的一切都来自我们的国运。

美股给我们一些启示。太遥远的事说起来像天书，我们看近点的，梳理下1994年以来美股的历次大调整，包括东南亚金融危机、长期资本陨落（华尔街首屈一指的对冲基金公司，1994年成立，1998年末破产）、科网股暴跌、"9·11"恐怖袭击、欧债危机、中美贸易摩擦、新冠疫情等，每一次危机看起来都像是世界末日，每隔几年就出现一次，仿佛无法规避。但我们看到一个现象，无论什么原因导致的股市暴跌，每一次调整之后，继续创出新高，只是时间问题。所以越是大家恐慌的时候，我们越要冷静，别人出现极端情绪的时候，才是我们有胜算的时刻，我们需要冷静并能客观看待一切。每一次危机，其实都是创造财富的大好机会，人生抓住一次这样的危机，逆势投资，基本上未来10年就会获得极大的回报。

回头看，至于当初为什么下跌，后来为什么创新高，都是轻轻吹过的风，只留下一句真理：长期看，每一次大家悲观的时候做多，都是一

个正确的决定！

从美股过去几十年的表现看，任何一次看空国运都会被打脸。相反，在每一次危机中做多，长期收益巨大，只是你需要有足够的耐心。

再看印度股市，这个国家经济不如我们，人口跟我们差不多，他们的股市过去几十年的表现却是全球第一，从1990年600多点涨到今天的大概63000点，差不多100倍吧。

说完了美国和印度，我们再回到中国。过去40年中国的国运是全球最强的，没有之一！改革开放40多年，全世界没有一个国家在这40多年的经济增长超过中国。

需要重视的是，不知不觉间，中国的国运悄然超越了绝大部分国家。一个最明显的例子就是出国。当年许多出国的人都是很优秀的，然而出国意味着放弃了中国国运，去享受海外的国运（比如说美国、欧洲国家、澳大利亚、日本等）。但是把时间拉长后发现，以10年的时间周期作为衡量标准，绝大多数出国的人并没有比在国内发展得更好。许多人出国的时候，低价把房子卖掉了，成了他们终身的遗憾。

让A股股民郁闷的是，中国股市牛短熊长，好像没有反映中国的国运。我们的股市涨不过经济实力第一的美国，大家还能接受，毕竟各方面差距摆在那，但不至于涨不过印度吧？！我们和印度人口差不多，我们经济比他们强太多，但股市表现他们比我们强太多。实际上，看过去30年，美国股市也没涨过印度。这里面的玄机后面谈。

我们这一代生活在中国的人，正如巴菲特所说的，中了"卵巢"彩票，未来100年，中国必然投资大师辈出，对此不要有一丝一毫怀疑。出于私心和虚荣，我当然希望未来的投资大师当中有一位叫东东哥。

国运这个词可能还是太抽象，我说几件眼下发生的事。新冠疫情肆虐全球，欧美各国招架不住大多直接躺平，世界上几个大国当中能防控住疫情的只有中国，你也许会说那是文化习惯问题。好，那我们说通胀，欧美苦通胀久已，民众因通胀导致生活成本急剧上升苦不堪言，就连取暖都成问题，中国有通胀吗？中国民众需要担心冬季取暖问题吗？

再看俄乌冲突，受影响的绝不仅仅是俄乌，欧美都在局中，冷暖自知，中国远离战场，在埋头苦干搞经济谋发展。这就是国运！

我一直认为，国运是最大的宏观，投资人最该关注的宏观就是国运，太多人以宏观之名关注的那些名堂，在我看来是庸人自扰。当然，我的观点招来批评是常有的事，有人批评我不关注宏观或不懂宏观。有个炒股赚了一点小钱的家伙不知道自己是谁了，被我一通怼下来，急了，说我不懂中国股市！这批评，对，也不对。我的确不关注他们时刻关注的那些"宏观"，什么加息、降息、通胀、通缩、地缘政治摩擦等，长期视角下这些均可忽略，拥抱国运，让发展决定一切。

帝国兴衰，天道轮回，自有其规律。当今世界，谁在衰落，谁在崛起，迹象越来越明显。

我说，国运在中国这边，中国将再一次引领世界。你暂且可以不信，可以怀疑，但终将会接受。为了更充分地表达我的观点，这里我想谈两个人，一个是西方学者阿诺德·约瑟夫·汤因比，一个是投资大师瑞·达利欧，两位不同时代的大师从不同角度对人类的未来、世界的格局展开剖析。

谈到汤因比，大家可能比较陌生，但是在学术界，尤其是历史学界，说此人名震地球可能有那么一点夸张，如果说此人名盖西方，那一点也不为过。汤因比先生的研究结论让我激情澎湃，让我内心的声音更加坚定——世界的希望在哪里？世界的希望在中国。有句话我非常赞同——挡不住的国运。这就是眼下的中国。

汤因比先生对人类命运、大国起伏有着广泛深刻的研究与洞察，并且观点鲜明。1973年，汤因比跟日本学者池田大作展开了一场持久的探讨，关于人类未来的探讨。汤因比告诉池田大作"世界的希望在东方"，池田大作充满期待。然而汤因比接着告诉他：西方文化行将就木，人类的希望的确在东方，但不是日本，东方的希望在中国，中国文明将一统全球！这背后是文明的力量。一个西方的历史学家，一个日本名流，他们长达两年的漫谈式对话最后被写成《展望二十一世纪》一书，该书在

"前言"中就开宗明义:中国的道教、儒教以及中国化的佛教,包括与日本的神道教,都能协调共存而形成了当地的生活模式。相反,西方宗教是排他性的。因此,汤因比强调:人类必须不断克服自身弱性,努力适应宇宙万物的自然性,而将自我奉献给宇宙万物,实现自我与"终极的存在"合为一体,"终极的存在"并非一切宗教的人格神,而是一种自然存在,在中国它的名字叫"道",这就是中国道家的"天人合一"思想。

大家知道,20 世纪 70 年代初,日本经济社会发展迅猛,可谓如日中天,而中国的国际国内环境并不被世界看好,在这样的情形下,汤因比坚定看好的是中国。在汤因比看来,19 世纪属于他的祖国英国,20 世纪属于美利坚合众国,21 世纪将属于东方的古老文明国家中国。在与池田大作断断续续的两年对话里,汤因比给出了答案:世界的未来在中国,人类的出路在于中国文明。(有兴趣对人类命运做更深入研究的朋友,建议阅读《展望二十一世纪》,我在前面章节推荐过此书)

桥水基金创始人、投资大师达利欧在他的新书《原则:应对变化中的世界秩序》中对世界财富和权力的转移进行了宏大而深入的研究:"如你所见,几乎所有大国都经历了崛起和衰弱期。粗线是四个最重要的大国:荷兰、英国、美国和中国,他们分别掌握历史上最近的三种储备货币。对美国来说是现在式,英国是过去式,而荷兰则更早一些。我之所以提到中国,因其已成长为第二强大的国家,并且在 1850 年前大部分时间一直如此强大。"达利欧认为,当前的周期是一个典型周期,其特点是领先大国(美国):①支出水平明显超过收入水平,大量印钞和征税;②面临巨大的财富、价值观和政治鸿沟,造成严重的内部冲突;③相对于新兴大国(中国),正在走向衰落。上一次出现这些情况是在 1930—1945 年。(见图 8-1、图 8-2)

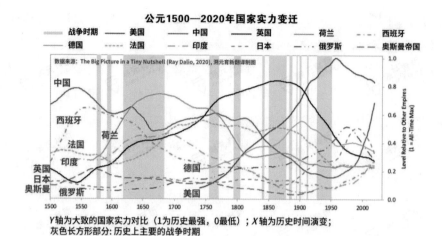

图 8-1　公元 1500—2020 年国家实力变迁

资料来源：瑞·达利欧.原则：应对变化中的世界秩序[M].崔苹苹，刘波，译.北京：中信出版社，2022.

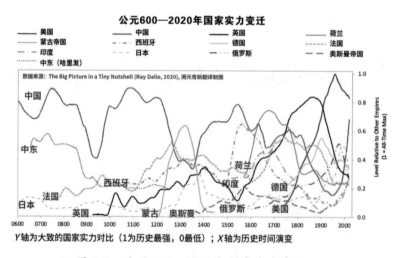

图 8-2　公元 600—2020 年国家实力变迁

资料来源：瑞·达利欧.原则：应对变化中的世界秩序[M].崔苹苹，刘波，译.北京：中信出版社，2022.

　　在《原则：应对变化中的世界秩序》一书中，作为当代最具影响力的投资家之一的达利欧展现出了十足的学者风范，他的研究达到了前所未有的广度与深度。通过这两张图，达利欧向我们直观清晰地展现了大国过往的兴衰起伏，当然，我们更关注的是未来，比如未来30年、50年、80年、100年甚至更长时间的国运在哪一边。这个其实不需要达利欧回答，我们根据他的逻辑以及图上的趋势，就可以得到答案：中国。未来若干年国运在中国这边。

达利欧还把几个主要国家放在一起，通过多方面比较、分析、研究，评估其综合竞争力，包括债务负担、增长率、内部冲突、教育、创新、贸易、金融地位等，美国现在是最高的，综合评分达到0.87；中国已经排名第二，综合评分0.75；欧盟是0.55，德国是0.37。中国得分最低的是金融，比如储备货币中国只有0.04，而美国是0.55；市场和金融中心地位，中国只有0.5，美国是2.6；资源分配效率，美国是1.3，中国是0分。我们最大的优势在于成本、贸易、经济产出和基础设施投资，得分都已远远高于美国。除了中美之外，其他国家现在差距都比较大，当然不是说人家不行，欧洲国家和日本的人均GDP比我们高很多，但就经济影响力来说，已经逐渐拉开了差距。

达利欧最擅长的就是从世界的变化当中寻找那些确定的规律，通过捕捉这些规律，进行有针对性的资产配置。正如基辛格所言，达利欧总是善于发现我们时代当中的关键问题。相较于其他学者，达利欧的观点更加理性与客观，论据、论证更加充分，逻辑自洽，与我多年的研究、观察不谋而合。

作为新一代投资人，作为关注、研究全球资本市场并拿真金白银做投资的人，我需要具备这样的全球观和历史观，我的观点需要更加明确，关注的侧重点也会有所不同。我认为未来中国有三个重要事件：未来10年中国经济总量会成为全球第一；未来30年中国综合科技实力将跃升为全球第一；未来50年中国将成为世界金融中心，人民币的国际地位将比肩或超越美元。所以投资上应逐渐向中国倾斜。

看到这，可能有人心里开始犯嘀咕，没底气，尤其在科技方面。我跟大家说几个事实。今天我们整体科技实力确实还不够强大，但在有些方面已经走到了世界前列，比如电动汽车、光伏、5G等领域，而且我们有体制优势，以举国之力搞科技创新，道路难免曲折，前途一定是光明的。

诚然，一个国家的国力强大，科技力量固然重要，但最终体现为全球性的输出，比如曾经中国国力最强大的时候，向全世界输出了中国文化。美国经济的强大，最终也以文化输出、货币体系、消费品牌为代表。未来我们会进入一个提升全球影响力的时代，无论是中国商品还是中国制造，都会出现全球最顶尖的企业和品牌。

相信国运，下注国运。投资和人生，都属于乐观者，而这个世界的规律，是不断地前进，虽然有时候会进二退一。做投资，做人，工作，生活，我们都必须乐观！乐观的人才会从内心深处相信明天会比今天好，未来越来越好。

国运有了，股市就有了起飞的基础。印度股市的成功起飞给我们树立了榜样和信心。推动以注册制为核心的资本市场制度建设、服务体系建设，发展壮大机构投资者，积极拓宽长期资金入市渠道，吸引各类创新型企业上市，让新兴产业成为新上市公司主力。你稍微留意一下管理层这几年都在忙啥，你就明白了，全面注册制就在眼前，A股距离起飞近了。

虽然生活中有这样或那样的不如意，但是看到这样强大的祖国，越来越好的祖国，我们没有理由不对未来充满信心。相信国运，拥抱国运，抓住即将起飞的中国股市。

二 确保自己在车上：中国股市处于爆发前夜

我之所以单独用一章谈国运、谈未来，是让大家有更广阔的胸怀和更长远的视野。因为我们的事业随时面临巨大的极限挑战，随时遭遇不可承受之重，又必须面对和承受，那就需要寻找可依赖的支撑力。

比如今年的股市，正是几十年来投资者面临的最具挑战性的一年，没完没了的跌跌跌，上证指数轻而易举跌破 3000 点好几次。跌坏了心情，跌没了信心。尽管熊市是投资者让资金发挥作用的绝佳机会，但它也会令人恐惧——股市继续走低的不可预测性和速度足以考验即使是最资深的投资者的信心。

然而，一个多世纪以来，我们发现一些基本的规律和结论，那就是熊市终将被牛市取代，指数终将会创新高。

如果有足够的时间，每一次股市调整和熊市都会被牛市填补并超越，当前的熊市最终将面临同样的命运。这就是为什么说在股市大崩溃之后投入资金是一个天才之举。

坚定信心，备战牛市。

（一）时间周期

距离上一轮大牛市（2015 年大牛市）已经 7 年多了，A 股历史规律是七八年一个大周期，所以从时间上看，牛市也近了。

（二）估 值

A 股最具代表性指数沪深 300 目前估值处于历史低位，滚动市盈率 11 倍，说明足够便宜。（见图 8-3）成长性板块科创 50 和创业板 50 的滚动市盈率都在30多倍，均处于历史低位。

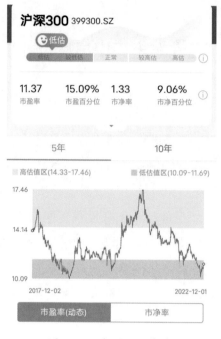

图8-3　沪深300估值

（三）技术面

熊市末期大盘异常脆弱，恐慌情绪蔓延，表现为持续快速大跌，在绝望中完成探底。比如2022年4月27日上证综指探到2863点，极有可能成为A股一个历史大底。

大盘进入牛市初期。牛市初期，我又称为牛市酝酿期，表现为触底反弹，震荡整理，修复元气，积蓄能量。牛市初期大盘依然脆弱，可能因为负面情绪冲击快速下跌。大盘2022年10月31日最低探到2885点，完成二浪探底。（见图8-4）

技术面上，2863点与2885点构成A股的技术性双底。我认为2863点就是A股新一轮牛市的起点，是A股未来百年长牛的起点。也许有读者会有疑惑——2863难道不会再跌破？这个完全有可能，这就是需要特别指出的地方，技术面分析只是一种参考，它分析的趋势可能被新的因子（变量）打破。退一步说，即使再次跌穿2863点，跌幅也会非常有限，而且也不会在下面待太久，指数会短时间内再度站上去，因为大的长期趋势是向上的，不是短期因素能阻挡的。更重要的是注册制向我们走来，注册制是百年长牛的制度基石，也是百年长牛的发动机，当然这个观点争议很大，这个制度在我国还是个新事物。从全球看，注册制是普遍且成熟的制度，但对A股而言，它有一个引进、吸收、完善的过程。总体来说，我还是很坚定的，我坚信当下就是A股百年长牛的起跑线。

图8-4　上证指数周K线

接下来大盘还有可能出现三浪探底，甚至四浪探底，这不可怕，因为每一浪探到的低点都比前面的低点高，也就是指数将走出底部逐级抬升的趋势，这是牛市初期的基本特征。

我们把上证指数与深证成指结合起来看，对底部判断就更加确定了。深证成指4月27日探到10087点，日内完成绝地反击，实现"在绝望中落地"，10月31日探到10301点开始反弹，二浪探底成功，底部在抬升。（见图8-5）

图 8-5 深证成指周 K 线

上证指数与深证指数风格不同，走势经常背离，能够在 4 月 27 日同时见历史大底，并在 10 月 31 同时完成二浪探底，这说明市场悲观系数两度达到极点，恐慌情绪达到了极致，市场也只有在这种情况下才能探底成功。

熊市即将过去，现在值得买入。我觉得是时候想象一下牛市了，兴许，牛已经来了，在等待时机一飞冲天！

在熊市氛围浓郁的当下谈牛市，是要被人笑话的。我无所谓，我自认为我还是有资格谈论牛市的，而且就应该在大熊市里谈，在绝望中看到希望。我可以明确地告诉大家，2022 年，就是中国股市的转折之年，向上转，牛要来了，牛已在路上。做出这种判断需要高超的综合能力，需要的是投资大境。这就是本书所追求的并期待达到的。

经常有人说市场无法预测，我不认同，市场是可以预测和展望的。说我吹牛也好骗子也罢，我从一贫如洗来城里打工，靠积攒几年可怜的几万元炒股实现财务自由，传说中很多，现实中很少见到，炒股亏钱的倒是随处可见。当然，会有人嘲讽我，背后说我走狗屎运买到了大牛股什么的，我无所谓，即使骂我我也不会还嘴，我就是这么个人，乐于且勤于洞见未来、拥抱未来，懒于争辩。幸福是奋斗出来的，嘲讽别人、贬低别人并不能提升自己。

当然，我并不是理论家，自然没有逻辑推理啥的，我只告诉大家结论：牛市近了，大概率在一年之内启动，最迟两年内会看到比较明显的牛市。当然，判断归判断，操作归操作，尤其是喜欢加杠杆的朋友，要注意控制节奏并做好应对之策。如果两年内不来牛市怎么办？那就继续等，牛市来或不来不影响我们的投资布局，我们要志存高远，这轮牛市一旦启动会非常长。格局打开看市场，当下就是新一轮牛市的起点，向下空间很有限，而向上空间广阔。我还预测党的二十大之后的一年内新一轮改革举措及较大规模的经济发展方案将呼啸而来，今天我敢讲这个话，这不是拍脑袋算命，这叫洞察时代，新征程、新起点上当有新作为。

从今往后，思维要转到牛市思维上，筹措资金，买买买，等待牛市爆发。

至于通货膨胀、美国加息、俄乌冲突……那些通通都是浮云。你只要记住我的话，牛市近在眼前，就行了。跌透了就是利好！当前的熊途漫漫随时会终结，因为与大国形象、大国实力、大国国运严重不符，必然得到纠正！

展望未来，我想我距离自己的"游艇"不远了。眼下的大熊市给我的信心和机会，我只需要把握住，并且坚持住，财富自己就来了。

那么，这一次即将展开的大牛市，会和A股历次牛市一样轰轰烈烈演绎一年半载然后轰然倒下吗？兹事体大，且在下一节探讨。

三 主要指数展望：十倍涨幅不是梦

前面谈到全球主要股市的表现，股指百倍涨幅早已成为现实。我们对比后发现过去 10 年、20 年、30 年涨幅最大的都是印度股市，一马当先。

现在，我们回头看看印度孟买 30 指数走势图，这不就是每一个投资者梦寐以求的股市的样子吗？

实际上，注册制之前，印度股市是很糟糕的，围绕千点折腾十几年。美股也一样，注册制之前也是东一榔头西一棒槌，在泥坑里爬不出来，找不到方向，跟我们过去几十年差不多。有了注册制才有了一眼望不到头的长牛慢牛。

大家对美股的情况比较熟悉，百倍涨幅对他们来说一点都不稀奇。但大家对印度股市是相对陌生的，根据我的研究，我发现印度股市更值得我们借鉴，尤其是它最辉煌的过去 30 多年，时间上与 A 股的历史重合，这样比较起来感受更强烈。

我们与印度同样是人口大国，股市表现差距有点大。我们从几个方面比较一下中印经济及股市，尝试着寻找原因。

（一）经济方面

经济上中印两国根本就不是一个量级。中国作为世界第二大经济体，经济总量跟美国已经很接近了，未来十年，我国经济总量大概率能超越美国成为第一大经济体。从 2021 年的经济数据看，印度经济总量跟我们差了好几倍，我们第二（17.77 万亿美元），印度第六（3.075 万亿美元）。我们再看一下今年（2022 年）上半年的数据，总量上美国依然第一，我们依然第二，印度上升到第五，但增速印度第一，当然，这里面有影响增速的一些特殊因素。总结起来就是我们总量上远超印度，增速上比印度差一些，一加一减，所以股市表现应该差不多。

（二）人口方面

中印两国人口总量差不多，都是人口超级大国，但印度人口结构更有优势，年轻人多，平均年龄28.4岁，我国平均年龄是38.8岁，印度比我们平均年轻10.4岁。从这方面看，印度股市可能比我们更有活力一些。

（三）外资占比方面

印度股市对外资开放度非常高，外资在印度股市的投资比重维持在30%以上，成交量占比超过50%。相较而言，外资在A股的占比较小，2019—2021年股票市场总共引进外资8874亿元，占A股流通市值比例为4.5%左右，跟印度市场没法比，即使跟韩国、日本相比差距也很大（韩国、日本外资占股市流通市值都在20%~30%）。

（四）股票市场历史方面

印度股票市场比我们早很多，成立于1875年，历史很悠久了。我们这方面比印度要晚很多，上海市场从1990年12月开始，深圳市场从1991年4月开始，我国的沪深股市是从一个地方股市发展而成为全国性的股市的，总共才32年的历史。所以印度股票市场可以说是成熟市场，而我们还处于"新兴+转轨"阶段。这方面对股市的影响，一个是因成熟而行稳致远，一个是因年轻而波动较大。

（五）股市制度及影响

印度股市1992年实行注册制后彻底摆脱了1000点。有数据统计，1996—2018年，印度股市退市企业总计2869家，每年平均退市数量多达106家，近几年退市速度还在加快。大量的企业上市、退市，市场的优胜劣汰机制被激活，最终的结果是印度股市指数始终跟踪、反映优秀的上市企业表现，股市平均回报率明显高于同期其国内GDP的增长速度。

我们股市目前以核准制为主，一部分板块在试点注册制。由于制度问题，我们上市很快，退市很慢，目前存量上市企业4000多家，总市值全球第二。但是，我们历年退市企业加起来才160家，属于严重的进出失衡，A股成了超级大肚腩，表现长期疲软也就不足为奇了。6124点成了股民永远的痛，3000点成了股民心中过不去的坎。

（六）从股指表现看

印度股市过去32年（1990—2022年）迎来了辉煌，代表指数印度孟买30指数过去32年涨幅近100倍，基本上是一路向北，过程中也有10%、20%、30%的回撤，甚至更深的回撤，但是不影响股指继续创新高。

中国股市总共只有32年的历史，也是剧烈动荡的32年。以1990年12月19日为基准，以100点作为基准指数，到今天3100点，算下来也有30倍涨幅，好像没大家感受到的那么差。其实不然。我们分两段看。

第一段是1990—2007年，因为刚开始搞股市，在空白中摸索，不可能一下子发行很多股票，但投资者等不及，人多钱多股少，纯粹就是炒，不管什么价值不价值，闭着眼睛炒，一直炒到2007年，指数被炒到6124点，终于引发了大熊市。这也是中国股市迄今为止的最高位。

第二段是2007—2022年，从6124点一路跌到1664点，短暂的激情过后，扶着3000点走了15年钢丝，为投资者上了最生动的一课。有人把这段时间总结为"高速崛起的经济，原地踏步的股指"，很形象，也很无奈。但这一阶段中国股市有了那么点意思，什么意思？一是随着股票数量的快速增加，越来越像个市场了；二是炒家们开始思考股市了，开始思考股票的价值了；三是管理层在变，在思考中国股市的未来在哪里。至于市场上那些"推倒重来"的声音，是不负责任的。这一阶段的中国股市是痛苦的，是迷茫的，虽然2015年曾短暂给过投资者希望，在政策上鼓励加杠杆的刺激下上证指数冲上5178点，让投资者重现牛市幻觉，但随即而来的是"千股跌停""熔断"……

15 年弹指一挥间,上证指数从第一次突破 3000 点(2007 年 2 月 26 日)到如今依然稳稳地在 3000 点,15 年了,如此现实让投资者心碎,指数 15 年零涨幅,说起来像是笑话,更像是讽刺。从点位上看,大盘仿佛永远年轻、永远让人热泪盈眶。有人说下一个 5 年、10 年、15 年,上证指数依然会在 3000 点徘徊,这不是普通意义上的悲观,是绝望!

（七）中国股市是否还有未来

回答这个问题之前,我们有必要先把脉一下 A 股。15 年,时间轴足够长,零涨幅。从 A 股自身看,比较明显的原因有两个:一是之前估值太高,2007 年 10 月 16 日上证指数抵达 6124 点时,市场的市盈率是 70 倍左右,其中有一只股票甚至高达 8000 倍,过高的估值需要时间消化;二是市场制度缺陷,我们的股票发行太多了,退市的太少了,这是个大麻烦事,新陈代谢不畅,不憋坏才怪。6124 点时沪深两市共计 1471 只股票,今天沪深两市加上北交所合计上市企业超过了 5000 家,2022 年 11 月 22 日是 5000 只纪念日,这天随着两只新股上市,A 股存量上市公司的数量达到 5000 家,其中上交所 2153 家,深交所 2721 家,北交所 126 家,如此大批量的企业扑面而来,我们的股市可谓是"亚历山大"。

（八）该怎么办

估值方面,市场自身有调节出清功能,目前代表性指数沪深 300 的估值只有 11 倍,估值处于低位,所以估值问题已经不是问题。随着欧美高通胀、新冠疫情、俄乌冲突等压制大盘的负面因素边际改善或缓解,A 股将迎来转机,目前已经处于上升初期,但是如果没有制度方面的配合,就算涨上去很快就会跌下来,像历次反弹那样,看上去气势恢宏,结局却是灰头土脸无功而返。那该怎么办?别急,往下看。

我们的股市历史有 32 年,上市数量从 8 只到 5000 多只,不可谓不壮观。当然,成立证券交易所就是要发行股票,这个无可厚非,但是应该有进有出，进出有序，动态平衡，这样才能行稳致远。我们的问题正出在这，上市大步流星，退市畏缩不前。对比下就了然了，上市5000多家，退市160家，基本处于只进不出状态，肚子越来越大导致消化不良，这是严重的代谢病，新陈代谢不畅。还有救吗？有！长期积聚起来的沉疴痼疾，需对症治疗，更需要耐心。

（九）看未来，我们不应该悲观

比较下来，我们跟印度股市有些方面差不多，有些方面各有优劣，股市表现不至于差距那么大。眼下的A股，估值在底部，要想爬出坑需要方方面面的配合。对比印度股市，A股比较突出的问题有两个，一个是外资占比，一个是完全的真正意义上的注册制。

先说外资占比。外资占比我们确实低，但反过来看，现在占比低说明未来提升空间大，恰恰是机会，属于未来的大机会。目前管理层高度重视相关制度制定，不断提高外资投资A股的便利性，大力推动提升外资占比，吸引外资投资中国资本市场，相关政策已陆续推出或紧锣密鼓地研究制定中。我说个最近的，10月份证监会发布消息称正在研究制定外资适用特定短线交易制度的两项政策，即允许符合条件的境外公募基金参照境内公募基金按产品计算持有证券数量，豁免香港中央结算有限公司适用特定短线交易制度。随着政策加码，必然产生量变到质变的效果。参考国外股市情况，预计未来外资占比会提升到20%以上，这是一个巨大的增量。外资占比提升空间大，这对A股来说是一个巨大的潜在利好。

说说注册制。说起来只有三个字，似乎很简单，其实不然。字少事大，这个事实在太大，容我多说几句。

注册制是深化资本市场改革开放的基础制度安排。根据我做的大量调查研究，要想实现长牛慢牛，绕不开注册制，说白了就是要走市场化的路子，该上上，该下下。眼下，我们的注册制正在紧锣密鼓科学有序地推进。为减少改革阻力，同时能更科学精准评估改革成效，对这一影响重大的制度我们走的是增量改革路线——设立科创板并试点注册制。

● 2018 年 11 月 5 日，国家主席习近平在首届中国国际进口博览会开幕式演讲中宣布，在上海证券交易所设立科创板并试点注册制。

● 2019 年 1 月 23 日，中央全面深化改革委员会第六次会议召开，会议审议通过了《在上海证券交易所设立科创板并试点注册制总体实施方案》。

● 2019 年 1 月 30 日，中国证监会发布《关于在上海证券交易所设立科创板并试点注册制的实施意见》，科创板精准定位于"面向世界科技前沿、面向经济主战场、面向国家重大需求、面向人民生命健康"，主要服务于符合国家战略、突破关键核心技术、市场认可度高的科技创新企业，重点支持新一代信息技术、高端装备、新材料、新能源、节能环保以及生物医药等高新技术产业和战略性新兴产业。

● 2019 年 3 月 1 日，证监会发布《科创板首次公开发行股票注册管理办法（试行）》《科创板上市公司持续监管办法（试行）》，上市审核规则、发行与承销实施办法、股票上市规则、股票交易特别规定等一系列制度规则正式"落地"，科创板制度框架确立。

● 2019 年 7 月 22 日，科创板正式开市，首批 25 家科创企业当天集中上市。

● 2020 年 4 月 27 日，中央全面深化改革委员会第十三次会议审议通过了《创业板改革并试点注册制总体实施方案》。

● 2020 年 8 月 24 日，创业板迎来注册制下首批 18 家企业上市，两年后，新上市公司已超过 300 家。

● 2021 年 11 月 15 日，北交所开市，同步试点注册制，注册制改革更进一步，首批上市企业共有 81 家。

试点快速推进，全面注册制越来越近了。

注册制改革是完善要素资源市场化配置的重大改革，也是发展直接融资特别是股权融资的关键举措，牵一发而动全身。2021 年召开的中央经济工作会议指出："要抓好要素市场化配置综合改革试点，全面实行股票发行注册制。"

全面注册制改革，有助于疏通科技型企业的流动性，培育优质、高成长性、领先世界的科技创新型企业，产生颠覆性的科技创新成果。假以时日，一定会孵化出伟大的科技企业。设立科创板并试点注册制，承载着国人科技强国的梦想。

实行注册制的三个市场对硬核科技企业、"专精特新"企业给予了"专版""专所"待遇，对新一代信息技术产业、生物产业、新材料产业、高端装备制造产业、新能源产业等战略性新兴产业上市给予更宽更大的包容和支持。

当前注册制试点运转平稳，从科创板、创业板、北交所，再到全市场的四步走改革布局已经顺利完成了前三步。注册制实施以来，科创板、创业板、北交所的发行上市效率明显提高，发行上市条件的包容性增强，多层次市场的板块架构和功能更加完善，上市公司的整体质量也在稳步提升。市场运行总体平稳，改革效果符合预期。下一步就要把注册制全面铺开，全面实行股票发行注册制。

全面实行股票发行注册制的一项重要任务是主板改革，这也是在前三步顺利完成的基础上，全面注册制改革走到了关键的第四步。与科创板、创业板相比，主板涉及面更广、挑战更大。目前，沪深两市的主板上市公司占 A 股市场的70%。难度大，挑战大，国家的意志和决心更大。实行全面注册制的时机已然成熟。从管理层的频频表态来看，迫切而坚定，这个事应该是进入倒计时了，我预判全面注册制会在明年（2023年）落地，如果说得更具体点，那就是明年上半年，宜早不宜迟。

总体来看，综合各种迹象，可以判定注册制近了，势在必行，时间紧迫，未来几个月，一定会看到注册制全面落地。为什么？A 股走到今天，是各种关系、各种利益纠葛下的产物，今天的 A 股已是庞然大物，臃肿而虚弱，看不到未来，迫切需要一种外力破局，斩断人治下的关系网和利益网，让 A 股活力四射以助力中国经济攻坚克难、破浪前行。放眼世界，最好的选择就是注册制，各国的实践已经证明，走市场化、法治化是资本市场必由之路。

同时，作为注册制重要的配套制度，常态化退市制度的建设不断推进。随着全面注册制改革的不断推进，退市渠道逐渐多元化，出现注册退市、转板退市、强制退市以及并购重组退市等多种退市情形。有进有退，才能够实现优胜劣汰，保证市场始终有新鲜的血液进来，把差的公司及时淘汰出市场。完善的退市制度能让股市始终和经济保持一致，因为经济在变化、在转型，新的符合转型要求的一些企业就可以通过 IPO 上市，已经不适应经济新形势的企业就要退市。

退市难、退市慢、退市少是 A 股的沉疴痼疾，在注册制下，这一顽疾将得到彻底解决。我们看到退市速度已经在加快了。数据显示，去年（2021 年）强制退市 17 家公司，今年强制退市 42 家公司，与上市企业数量比，这个退市数量依然很少，但加速退市的大趋势已经形成，我估计明年强制退市加上其他方式退市的总数量会超过 100 家，未来会向海外成熟市场看齐，每年退市 4%～10%，乘以我们上市企业总数量，也就是每年退市 200～500 家，如此，新陈代谢就顺畅了，A 股的顽疾即除。

综上，2022 年是 A 股的转折年，随着注册制系列改革举措落地，长期资金入市障碍逐渐移除，长牛慢牛开启。低估值+预期改善，助力 A 股走出 3000 点泥坑，开启长牛慢牛行情。

（十）A 股未来可期，十倍涨幅不是梦

明白我前面层层铺垫大费周章要干啥了吧？谈"两条线"，谈美股、印股……谈来谈去主要用意是为我们的股市找出路，憧憬 A 股的十倍梦想。

无须争辩，现实摆在那里，注册制是个分水岭，世界诸国注册制前后的表现已经充分证明了。A 股的十倍之旅从当下启程。请抓紧上车，站稳扶好。为什么？

注册制！A 股全面注册制已箭在弦上。

注册制真的有那么神奇吗？注册制就是一种典型的信念：开始是想

象，之后是理论，然后为规范，最终成伦理。这种制度本身并不神奇，但它能保障股市机体健康，充满活力，创造传奇。

我们做个注册制前后对比。

还是拿美国和印度举例说明，为啥老说这俩，因为这俩是股市里的优等生，放在一起比较更容易看清本质。从内心深处来讲，以我们的经济基本面和发展潜力，我觉得我们的股市走势应该跟他们差不多。从结果来看，差距太大。美国和印度股市在实行注册制后，实现了百倍梦，才有了一眼望不到头的长牛慢牛。

1933年美国确立了注册制，但是在之前的1929—1932年美股却经历了一场大熊市，持续的时间长达33个月，跌幅达到了89%！

1992年印度实行了注册制，涨幅有多牛我已经说了很多遍了，但在那之前它也是在泥坑里出不来，可谓熊途漫漫。坦白讲，印度股市并不是一个新兴市场，孟买交易所成立于1875年，是亚洲第一家股票交易所，但漫长的发展历程中成就微薄，Wind资讯记录了印度股指1979年以来的表现，长期在1000点以下流浪，直到他们选择了注册制才焕发生机。

我们看A股：①注册制实施，由点到面，很快将实现全面注册制；②前面走了15年的振荡市，从2007年的3000点走到今天的3000点；③估值足够低，在注册制加持及内外部预期改善的环境下有了走牛的迹象。

很明显，现在的A股处境，和当年注册制实行初期的美股、印度股市一样，困境反转，蓄势待发，长牛慢牛的曙光已现，踏上牛途的号角已经吹响。

如果你还是信心不足，那我带你读几遍近期管理层的讲话：在注册制改革方面，提出坚持尊重注册制基本内涵、借鉴国际最佳实践、体现中国特色和发展阶段特征3个原则，突出把选择权交给市场这个本质，建立了以信息披露为核心、全流程公开透明的发行上市制度。管理层反复说这个是啥意思？读懂了吗？借鉴国际最佳实践，借鉴谁？读了我的书的人都会知道。

所以我说，中国股市注册制全面铺开就在眼前，中国股市会复制印度股市过去30年的走势，即使涨幅没那么大，趋势就是那个趋势。

我在这里特别强调一下，A股之前的牛市都是短命牛，根本原因就是制度缺陷。但当下不一样了，注册制全面实行已是大势所趋，全面注册制实行以后，优质指数将走出长期上升趋势，跟随这些指数的指数基金（ETF）将成为最重要的投资方式之一。这也是我在本书里多次谈到ETF的原因。

斗胆预测一下未来涨幅。印度孟买30指数过去32年（1990—2022年）涨幅近100倍，纳斯达克综合指数过去50年（1971—2021年）涨幅160倍，我们低调一点，我觉得我们有些板块指数会有出色的表现，未来50年（2022—2052年）涨100倍是可以期待的，比如科创50、北证50、创业板50等新兴成长宽基指数。上证指数和深证指数因为数量过多、品类庞杂，涨幅会小一些，但依然会走出长牛慢牛趋势。不管怎么说，从今天起，我觉得上证指数可以告别3000点了，未来两三年有望突破历史最高点6124点，达到10000点也只是时间问题。几年后回头看，历史最高点只是新起点。这并非空想，实现这一理想是有坚实的基本面支撑的，在未来几年我们会看到资本市场的重大变化——各项制度持续完善，从融资市向投资市转变。投资选择上，建议超长期投资中证500、上证50、沪深300、创业板50、科创50、北证50，港股市场建议重点配置恒生科技，未来50年，它们的涨幅会非常可观。即使涨不过印度股市，但会远远好于绝大多数国家的股市，涨几十倍很正常，其中新兴产业集中营——创业板、科创板、恒生科技、北证50最值得关注和期待。纵观全球，有勇气又有能力做出如此明确预判的，东东哥算一个。不是我有多牛，这是时代的趋势和力量，是注册制的助力，是时代之变让中国股市焕发活力，向上攀登，让一切在规则之下，让市场和法制照亮未来，这不是靠人力所能达到的。让我们的财富跟随中国股市一起滚滚向前。

（十一）抓住时代机遇 成就财富梦想

注册制将助推A股长牛，部分指数未来50年涨幅有望突破百倍，能否抓住这个机遇对A股投资者影响巨大。投资策略上，我觉得对绝大多数普通散户来说买入指数基金是最简单易行的策略。从国外资本市场实行注册制后的情况看，有几个特点：①散户赚钱越来越难；②散户占比越来越少；③绝大多数主动管理的基金跑不赢指数基金。所以，散户朋友买入指数基金并长期持有是很好的策略。当然，指数涨幅和我们的投资收益要分开来看，正常情况下，投资指数的收益会小于指数涨幅，因为我们持有指数基金的过程中要承担管理费、托管费等。但如果你能领悟"大股小市"理论的精髓，在过度高估与过度低估时进行适度仓位管理，并适度利用杠杆加持，收益有望远超指数。

另外补充说一下我为啥老说50年，这个主要是以我现在的年龄为起点考虑的，我今年40多岁，加上50年就是90多岁，那时候我应该还行，还能做投资，你看看巴菲特、芒格，90多岁了依然谈笑风生，依然享受着投资的乐趣。如果我谈未来100年A股会怎样，我会心里发毛，因为100年后我真不知道我会在哪。

第9章 房市、股市与未来

一 房市、股市"二人转"

当下的中国，从投资角度看，最正确的决策就是以最快的速度卖掉多余的房产，抢入优质股权（股票）。

我之所以建议卖掉多余的房子，道理很简单，因为透支太多了，尤其一些大城市，早些年100万元能买到很好的房子，你首付30万元，贷款70万元，这就搞定了。现在稍微像样的房子需要800万元、1000万元、2000万元……单首付款就要几百万元，贷款更吓人，这么下去房子只能是富人的游戏，问题是富人手里已经拿着大把的房子，市场的后续推动力在哪里？所以我判断，靠投资房产赚钱的时代结束了。当然，如果你有炒房情结，那可以稍微变通一下，买头部房地产企业的股票，结果可能比直接买房子好些。

我建议卖房炒股，是因为股权投资时代的大幕已经开启，应尽快上车。这个观点可能很难被接受，因为中国的楼市太霸气了，牛了二三十年了，楼市基本没有过像样的下跌。炒楼的都收益丰厚，有句话说得很形象，人与人之间的财富差距就看你十年前买没买房，当然更早以前买房的那就更牛了。你说在这个现实面前我却让大家卖楼炒股，是不是找

骂呢？看起来像！

还记得前面说的十大败家行为和十大兴家行为吗？炒股的，卖房炒股的，都成了笑话；买房的，都牛哄哄的。那是一个时代的缩影，事情在悄悄起变化，新的时代要开启了，多数人还浑然不觉。

你如果用心观察下，就会发现与楼市永远看涨的主流观点不一样的现象——绝大多数城市房价其实是在悄悄下跌的，涨不动了！即使热门大城市，也只有少数区域价格比较坚挺，没什么涨幅，我斗胆判断，未来即使上涨，也不大可能像前些年那样暴涨了。房价涨了二十多年了，不可能一直涨，一直涨是违反自然规律的，违背规律必然会得到纠正。

房价这些年牵动所有国人的心，涨幅惊人，调控一次涨一次，越调控越涨，被戏称为"空调"。于是形成房价只涨不跌的强烈预期，居民财富源源不断流入楼市，让人触目惊心。常识告诉我，这种预期一定会形成超级泡沫。金融部门领导明确表态：房地产是最大的灰犀牛。这并非危言耸听，可惜没人听，没人信。我告诉大家，不听不信，后果很严重，绝大多数人是跑不掉的，最终会被楼市套得死死的。房价泡沫到底有多大，我不做判断，也不专业。我说说常识，说说最简单的逻辑——供求。你知道现在房子供求是什么状态吗？不需要数据，你问问，谁家没房子？谁家没几套房？喝酒吹牛的时候大家都在吹啥？是不是家里有多少房？是不是谁家房子多谁更有话语权，嗓门也最大？

想想吧，大家手里那么多房子，真正用来住的有几套？你一个屁股能坐几个马桶？剩余的房子在干嘛？如果将来大家都想卖，卖给谁？

这时候我们需要反向思维了，恰恰是因为过去房价长期上涨积聚了大风险，需要趁着很多人还对楼市创富心存幻想，你赶快跑路，抛售掉除了自住以外的所有房产。

我预判，2023年，就是明年，将是意义非凡的一年，将是楼市局面变得清晰的一年，也是中国当代经济史的重要转折点，中国经济将迎来转折点，从地租经济向数字经济转变，从房地产驱动的增长模式向以资本市场驱动的创新增长模式转变。一个时代结束，另一个时代开启。我想结合经济变局谈谈宏观应对之策，这是作为草根经济研究学者义不容辞的责任。个人认为，当下以及未来很长一段时间的宏观政策需要有一些调整。当然，我认同主流经济学家所倡导的宽财政、宽货币政策，但他们的落脚点值得商榷，因为仔细研究下来就会发现，他们的主张还是在围绕着房地产、大基建做文章，刺激消费，刺激楼市，这是传统框架下的思维，我不否认出台这类政策会有一些效果，但对经济大局而言效果不大，且难以持久。我觉得我们首先要明确并接受一个现实，房地产高速发展时代结束了，中国经济需要（或者说不得不）从房地产驱动的高速发展阶段向证券化驱动的高质量发展转变。在这一现实状态下，传统货币传导机制明显滞缓，企业端、居民端杠杆空间和杠杆意愿必然大幅度降低，货币流通受阻，货币政策必然面临新挑战。作为草根经济研究学者，我建议充分研究并重视经济变局，出台更切合经济变局的宏观政策，尤其是货币政策方面，要考虑货币的直达性。我的建议是央行下场买入上证50ETF、沪深300ETF、中证500ETF、中证1000ETF、科创50ETF、创业板50ETF等宽基指数基金，以驱动股市复苏，彻底扭转间接融资与直接融资的错位，推动中国经济长期、可持续、高质量发展。如此，一个强大的资本市场将向我们走来。

我们投资人该如何抉择呢？

抛售多余的房产，买入股权（股票）。你运气好，房子抛掉了，那拿着那么多资金干嘛呢？买股权！买优质股权！买入已经跌得只剩裤衩的优质上市公司的股权。那些真正有价值的股权资产却无人问津，被当成垃圾扔在一边。股市糟透了，也就到了最有投资价值的时刻，真正的投资者应该已经开始亢奋了。

楼市的"势"和股市的"势"正在悄然反转。若考虑通胀因素，中国楼市未来的长期回报会持续性走低，甚至为负。但股市不同，即使扣除通胀的影响，股市的长期回报大概率在6%以上。

过去30多年是中国楼市的黄金时代，未来100年都是中国股市的黄金时代！拥抱股市核心资产，刻不容缓！楼"势"向下，股"势"向上！分水岭就在 2022 年。是时候了，炒楼的和炒股的互道一声"傻帽"，然后互看一眼各自离开！

天道轮回，物极必反。股市将迎来否极泰来的高光时刻！将迎来长牛慢牛的超级投资大时代！很快就不会再有人嘲笑 A 股永远爬不出 3000 点的坑！让我们拭目以待吧！

二 股市长期回报远高于房市

上一节谈的是时机把握，这一节谈谈股市与楼市长期回报的事。

人类历史已经证明，股票是长期收益率最高的投资工具，也是长期风险最小的投资工具，甚至可以说是无风险，因为实际收益都是正的。债券的实际收益可能为正也可能为负，有风险。现金包括银行存款的实际收益为负，长期持有风险很大。

过去50年，主要发达国家的大类资产回报中，主要资产年化收益率排名为股票、债券、房地产。

我们看下美国市场，这个市场很有代表性，它的股市、楼市有足够长的时间，这样比较起来比较客观。我们看到，长期投资，股市是最佳资产，如果你能够投资50年，扣除通胀后的回报率是6.6%，不算通胀的话，基本上就是10%，你不要小看这10个点，它是复合增长，复合增长50年超过100倍，100年是13000倍。而其他资产，长期国债是3.6%，短债是2.7%，黄金只有0.7%，现金是每年贬值1.4%，我们看到，即便是长期国债，也就大体跟通胀持平，所以它并不能起到投资的作用，而其他几类资产，连保值的作用都起不到。这种数据不仅适用于美国，其他国家也适用。

我们看房地产的长期回报。耶鲁大学经济学教授、行为金融学家、诺贝尔经济学奖获得者罗伯特·席勒教授对比了1890年到现在的楼市和股市，他发现，对于美国来讲，房地产的名义收益率只有年化3.17%，扣除通胀2.8%，收益寥寥无几，也就是说只能保值，但没办法增值，这还不算房子的修缮费用和房产税。

当然，如果在某一时间段来比较，房价确实可能会比股价涨得快，美国也一样，2000—2008 年，他们房价也没少涨。但是如果放在超过 80 年、100 年的周期，那么股市涨幅远远跑赢楼市。放在中国，这个规律也将起作用，过去 20 年楼市大幅跑赢了股市，那么意味着未来 20 年，楼市将发生均值回归，回报大幅落后于股市的可能性是 100%。

中国的房地产"大跃进"时代结束了，将进入科技创新时代。以前封建社会 1000 年不变，工业社会 50 年不变，但是到了后工业化时代，变化将是主旋律，所以这种爆发式的增长，会让财富快速地被创造出来，财富多了，那么作为财富定价工具的股市，自然就越来越高。从各类资产比较看，股市的优势会越来越明显，越来越多的资金会流向权益类资产，这是大的趋势。我们正处在这样一个趋势的起点上，我们要洞悉这一变化，否则会错失一次巨大的发财机会。

总体来说，权益类资产的长期回报在各大类资产中表现最好，这是客观事实，对此要坚信不疑。尽管这一客观事实与大家的感受并不一致，大家普遍感受到的是风险太大，这感受缘于它的整体波动水平大带来的错觉。立足当下"房住不炒"大背景，居民财富从过去围绕房地产市场和实物资产逐渐转向资本市场和金融资产，工业化时代承载财富的是房子，那后工业化时代真正值钱的是优质企业的股权。展望未来中国，房地产的黄金时代一去不复返，权益资产的黄金时代扑面而来！当然，权益资产的未来之路注定不平坦，波动恒在，但没有一个冬天不可逾越，不管是我国经济还是股市，在经历反复冲击后将爆发出强大的发展后劲，我们要以更长期的视角去看待和配置权益类资产，滚起我们的财富雪球。

为了有更直观的认知，我找来一张最新的纳斯达克综合指数年 K 线图（图 9-1 绿色线柱代表上涨，红色线柱代表下跌，截取 2004—2022 年 K 线图），看看是不是表现很牛，还真是，从 1971 年设立时的 100 点涨到去年（2021 年）的 16000 多点，50 年涨了 160 倍，再来 50 年是多少倍？涨幅的确惊人。当然，它也不是只涨不跌，比如今年就遭遇了大幅度下跌，但即使按照今天的 10705 点算，51 年涨幅 100 倍，也很可观了。而且你看年K线，下跌的年份非常少，跌下来的坑很快就能填平，然后继续创新高，是典型的长牛。

也许有人会说，纳斯达克的走势与我们有啥关系？当然有关系，我们的股市与美股比就差一项制度：注册制。注册制是股市长牛发动机，具体原理我前面已经详尽分析。我判断未来半年内A股将全面实行注册制。展望未来，下图K线的走势将是未来A股的走势，有震荡，但长期向上。

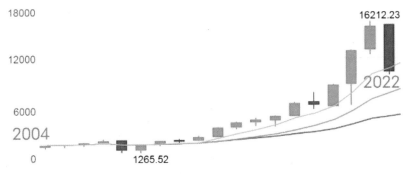

图9-1　纳斯达克综合指数年K线

当然，展望归展望，对于我们自己的股市，它的过去和现在，我们都要敢于直面，这才是正确的投资态度。下面打开上证指数年K线图、深证指数年K线图以及最具代表性的沪深300指数年K线图（见图9-2至图9-4），看看我们自己的股市表现，看看有什么发现。看出什么了？我觉得证监会前主席肖刚说的很好：新兴+转轨。巨幅波动，持股体验感差，股民很难赚到钱。

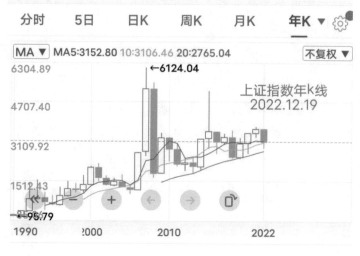

图9-2　上证指数年K线

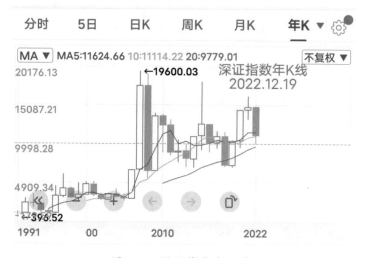

图9-3　深证指数年K线

　　刚才说了新兴+转轨，就是年轻嘛，在不断成长中嘛！你数数，上证指数年K线、深证指数年K线总共多少根？才30根出头。创业板指数年K线才13根，更年轻。年轻必然要跌跟头，必然要犯错误。当然了，也并非一无是处，你仔细看看，总体还是向上的趋势，年线底部趋势是抬升的，只是个别年份过度兴奋了，比如2007年。所以你只要不去追高，每年逢低布局还是能赚到钱的。尤其是很有代表性的沪深 300，底部逐年抬升趋势是明朗的，坚持长期定投依然可以获得正收益。当然这个收益与过去 20 年投资房产的收益不能比。股市过去收益差不代表未来也差，反而恰恰构成了股市未来超额收益的基础。纵观世界股市，实行注册制前基本都是长期趴窝，中间夹杂着短期的暴涨暴跌，这是必然经历的阶段，好在 A 股的这个阶段就要结束了，那未来就是长期的美好，长期的春风拂面，未来 50 年、100 年，全世界最幸福的股民当中，中国股民必然赫然在列。所以不要再纠结 A 股 15 年不涨了，不要再感叹 A 股永远 3000 点了，这些已是浮云，将被 A 股的春风吹得无影无踪。

图 9-4　沪深 300 指数年 K 线（2022-12-19）

我在多个场合说过，在微信视频号直播时也多次说过，A 股将迎来全面注册制，最迟明年（2023 年）上半年就会全面落实这一重大制度，我为什么老说这个事？因为它太重要了，势在必行，纵观世界各国股市注册制推出前后的表现，你就会彻底理解我的结论：注册制是股市走出长牛的发动机。随着围绕着注册制推出的一系列上市、退市等重磅政策的落地，A 股走出长牛慢牛的制度基础逐步夯实。未来的中国股市必将闪耀全球，成为全球投资者最重要的投资市场之一。今天，我们羡慕的美股历史上的投资大师们，美股市场上赚千倍、万倍的投资神话，也必将在未来的中国股市出现。投资是一场马拉松，并不是百米冲刺，多一点耐心，中国股市不会让大家失望的。中国资本市场伴随着大国崛起而崛起，大国崛起必然要求有强大的资本市场！这是现代化超级大国的重要标志。

2022年，是中国股市剧烈震荡的一年。震荡中孕育着希望。坚信中国的未来值得投资。眼下市场很冷，正是布局好时机，耐心等待春暖花开。股市就是这样，拥抱市场信心全无的冷漠，才能享受未来市场狂欢的热情。不管经历过多少波折，中国股市终将迎来健康长牛。是时候展望一下牛市了，我也多次说过，两年内会看到牛市。

三　未来已来

本书呈现的是一种时间纬度的财富思维，它是一种让人变富的思维方式，助力大家发现并拥有会持续变大的金矿，实现财富梦想。

财务自由是我们投资人的良药，它为我们投资人带来源源不断的动力，鼓舞着我们为财富前行，为梦想奋斗。沃伦·巴菲特、约翰·聂夫、彼得·林奇、塞思·卡拉曼、安东尼·波顿、戴维斯家族、比尔·米勒、詹姆斯·西蒙斯、段永平、李录、林园、张磊、但斌……一批批优秀的投资人用踏实的行动和厚实的业绩为我们树立了方向，他们是投资世界夜空中最闪亮的星，我们尊重他们，学习他们，走近他们，并充满自信地超越他们。勇于超越是更大的尊重，勇于超越才称得上真正的学习者，勇于超越才会有真正的进步，勇于超越世界才有未来。

此时，我们需要回到第一章的问题——我是谁？我要成为怎样的人？我希望通过投资达到什么样的生活状态？为了达到这个目标我应该怎么做？请自信而严肃地回答：我是股市中最弱势群体的一员，我想成为掌控自己命运的人，我希望通过投资实现财务自由，做想做、喜欢做的事，为了达成目标我要全力以赴寻找优势企业并做低频恰当的交易，充分理解并实践"大股小市"理论。

书写完了。最后不免世俗地一问，你的"游艇"找到了吗？请拿出纸和笔，用三句话写出你所理解的本书的投资境界，以此来检验你距离自己的"游艇"还有多少距离。

当诗人遇上股市

本书是我几十年所学集于股市之结晶，正式筹划写作始于今年（2022年）三四月份，这两个月的暴跌刺激到了我，让我兴奋异常，写作欲望也被彻底激发，我急需说点什么。

从动手写作时的新鲜感到完稿时的释然，一切都在变，窗外的风仿佛吹过了多年……

写作是我的爱好，好多年了。但写投资类的书是一种煎熬，是对人性的挑战，对我，是一次全新的历练，也是对我投资大业的倾情展现，更是我投资心声的真情流露，但愿我的付出能带给大家灵感和快乐，让我们的人生更有意义。

生命在于体验，人生要有意义。人生的意义究竟是什么？柏拉图说，人是寻求意义的动物。老子说"出生入死"，人从出生就要面对死亡，那意义在哪里？老子也没说清楚。生老病死，一切归空，仿佛人生的意义是虚无缥缈的，是模糊的。那我们活着干嘛？就为了在世上走来走去吗？直到某一刻我突然醒悟——我们活着是为了让活着有意义，要赋予生命意义，目光始终在更高、更远处，永远奋斗，永远成长，永远在路上，永远活在未来和理想之中，并勇于尝试一个又一个未知。

追根究底，生命的意义在于挑战自我，挑战一切看似不可能。做投资是挑战，我欣然应战，毅然决然。写投资书是新的挑战，亦是一项浩大的工程，考验的不仅是智慧和意志力，还有体力。书要写好，好的衡量标准之一是超越前人。当然，能否真正超越只有时间能回答。

此刻我的脑海里飘过自己的诗句——别问我天空的颜色，我只痴迷于飞翔……

一个诗人尝试写炒股的书，算不算跨界？这个问题不重要，重要的是我的人生被赋予了新的意义。

这本书的写作很不连贯，断断续续，时慢时快，或因情绪变化，或因其他事情打断。人到中年很难清静下来，写书是件闹心的事，一旦开始便时刻被缠绕着，很多次在梦中写作，为某些内容纠结得昼夜不分，生怕表述不清误导了读者。总算完稿了，虽然正式写作、统稿只用了不到一年时间，但里面很多道道在我思绪里盘旋了很多年，斗争了很多年，应该说大体辨扯清楚了。细枝末节无须多谈，我觉得可以用三句话概括本书的投资境界：欢迎下跌；不考虑上涨；一定会上涨。哈哈，这境界够可以的吧？若达此境，可不就是投资中的神仙吗?!

姑且抛开本书，说点轻松的话题，比如诗人与股神。

诗人与股神，诗歌与股票，NFS（南方寺）与 DDG（东东哥），因为我，搅和在一起了。

这些年我以南方寺流浪于诗坛，以东东哥混迹于股坛，现在，与财经作家也搭上了。有点意思，我这么个社会底层小人物，还挺能折腾。很喜欢木心的诗句：岁月不饶人，我亦未曾饶过岁月。我要追寻自己的内心，活出本真，活出独一无二的风景。

其实有几个年头了，我琢磨着怎么把炒股经历中一些有价值的东西写出来，帮助散户们早日找到自己的"游艇"。至于为啥突然今年动笔干这个事，纯属"我高兴"，我这个人经常让人意外，也让自己意外。炒股之于我，本身就是意外。

最意外的是，我学生时代幻想的看似不着调的远大理想，居然能实现，更离谱的是，是通过股市实现的。

前不久一次朋友小聚，见到了毕业即失联的初中同学田垒，二三十年未见，他一见面就叫出了我之前的名字，接着说道："你喜欢写诗，经常骑个自行车去投稿！"说实话，我很感动，他记得我的爱好。他问我的现状，我说干过记者，干过地产营销，35岁就辞职了，现在专职炒股。他一脸懵。我懂，我的跨度可能有点大。

纯粹的美好大多止于校园，比如青春，比如爱情。踏入社会，角色逐渐增多，肩负的责任和压力快速攀升，人这个物种，是情感走向极其复杂的综合体。

炒股大获成功后，我的生活被股市包围了，大家对我的关注基本停留在股票上，偶尔被提起的诗歌，更像是生活里的调味剂。

一句"我太难了"，容纳了这一年所有的辛酸。是的，太难了，这一年的世界动荡不安，一波未平一波又起，世人太难了！好在这一年即将过去，我们可以憧憬下未来，尽管我们的心情如此忐忑。

眼下美国的高通胀还在继续，但已有缓解的苗头，利率快速提升后加息幅度开始下降，但经济衰退似乎要来……俄乌冲突还在继续，但疲态尽显，也许只需要一个结束的理由……欧洲经济也陷入水深火热之中，看不到任何复苏的迹象，自顾不暇，还跟着美国发动一轮又一轮制裁……还有恐怖的核威慑……坏消息很多，但耐心观察再仔细琢磨，你会发现，事情在起变化，向好的方向变。

尼采说，"心中充满爱时，刹那即为永恒……人类唯有生长在爱中，才得以创造出新的事物。"愿和平与爱覆盖大地。因为有爱，我们的生命才会有无穷的力量；因为有爱，我们对未来充满期待。

努力奋斗吧，朋友们！即使你对自己的努力充满疑虑。尼采说，也许你感觉自己的努力总是徒劳无功，但是不必怀疑，你每天都离顶点更进一步，今天的你离顶点还遥遥无期，但是你通过今天的努力，积蓄了明天勇攀高峰的力量。唯有奋斗，才是我们期待未来的正确姿势。

单独说一下我们国家的疫情。近期我们国家全面放开了疫情管控，社会面反响很大，我个人举双手赞成，我对此一点也不觉得意外，我在书里也多次谈到疫情也就那样了，预判年底全面放开，理由很简单，三年了！"大疫不过三"，是古人智慧和经验的结晶，是一代代人生命体验的认知。至于放开后可能出现的问题，这是必然的代价，要尽一切努力把风险降到最低。万一摊上了怎么办？我的遗言只有一句话——所有股票十年内一股不卖。啥意思？没啥意思，我的生命里只有奋斗二字，我只关心我擅长的事，至于其他的，生与死啥的，由他去吧！

这一年多灾多难，各方面都非常糟糕，唯一的安慰就是要结束了。熊市持续了太久，投资大V、私募大佬等一批批走下神坛，这个市场太煎熬了！偶尔有几个冒尖的，也是一晃而过，过把瘾就死！不知天高地厚的东东哥弄出了"大股小市"，幻想成为股市里的常青树，有点意思。

这一年，乱象丛生，世人很慌。风险资产被毫无悬念地打到地板

上。我有强烈的预感，历经浴火洗礼的 A 股将脱胎换骨，获得新生，向天空飞翔。我对未来充满期待。

好在有股市，让我们心存幻想；好在还有诗，帮我们安顿不安的心；幸好有东东哥，生活从此股诗交融。

最重要的是，诗人南方寺居然化身东东哥干起了财经作家的活，"散户的游艇"悄悄地来了，并悄悄地点明"游艇"的方向。

写到这里，掩面沉思，感慨之情顿生。人生艰难，生命之外全是麻烦。面对现实，我们还可以迎难而上，战斗不息；面对时光，我们最终都得乖乖臣服。

东东哥

本书出版后，反响强烈，读者对本书展现的新思维给予了高度评价，对本书独特的语言魅力与诗意表达也产生了浓厚兴趣，出版社趁本书重印之际，特打破常规，邀作者选部分代表作刊发，以飨读者。

——编者按

南方寺诗选
南方寺

望春风

风吹过田野
你的庄稼舞姿曼妙
风吹过山岗
你的牛羊悠闲如云
风吹过厅堂
你还没有清醒

你摆弄的那些花草
单调了些
不如在山脚采几朵小花
野性，出挑，直达心性
不如去隐秘的草坡上
任性地翻滚

不如更奢侈一些
把整个春天穿在身上

风吹进你的栅栏
你的领地完好，收获丰盈
且去红肥绿瘦，绿肥红瘦
你噘起的唇一如当年
只轻轻一吹
院里的桃李
羞红满满

爬山虎

生活的飞刀终究会来
你浑然不觉是不曾在意吗

爬山虎，你的名字让众生羡慕，让时光

涂上奔跑的气势和饱满的未来

你略显忙乱的抖动不是因为恐惧

是风，让安宁成为奢望

谁的奋斗可以一劳永逸隔离颠簸

谁的目光可以遗忘悲伤永远向上

岁月的悬崖游弋到谁的脚下

梦想顷刻间破碎，或者新生

你是例外，攀壁登崖是你的日常

太久了，没有止境没有尽头的成长

回首壁芽时成，松竹之志

争凌云追星逐月，梦想

在更高的高处

一身正气从骨子里长出

阳光雨露从阴影里出走

看，天空唯一的方向

悬崖之外还是悬崖

生当如你，坦荡如你，大爱如你

以天空的胸怀书写光阴悠然

——向崖而生，让爱与美不期而遇

秦淮河的水

我终于没抵挡住诱惑

上了船

河水是青色的

我的心是怀古的

我从书本上来到现实

每一步都踩在诗句上

每一滴水都诗情饱满

那一湾河水是一窖青酒啊

以陈年佳酿的姿态住进历史深处

夜泊秦淮是一种时尚，无关风雅

董小宛李香君之流在河岸迎风而立

守望，抑或告别

那婀娜的身姿是后人的想象吧

偷偷上岸的那些人已成笑谈

我不愿评论
也无意追究
河水流淌了多少日月
哪一滴属于"秦"
哪一滴属于我

上岸了！脚下的路依然漂移
走吧，走吧
让我的诗
喝一口秦淮河的水
变成
王谢堂前的燕子

生命的光芒

母亲啊
当我离开你
我是扬帆远航
还是排队等待死亡

从溪流到长江
从百川到海洋
生命的航道越走越长
哪里才是既定的方向

我追随族人的足迹
绕着地球虔诚地流浪
逐水而居的日子啊

不屈的意志闪闪发光

那奔腾不息的水的波浪
让整个世界一起摇晃
我注定要离开这条船
到彼岸上寻找黄金和干粮

当太阳照亮清晨
照亮村庄的眼睛和水的粼光
是谁在声嘶力竭地呼喊——
那是一切生命的光芒

夜饮

半生浮沉，依稀梦远
举杯不为明月
谈笑无须风雅
夜色煮酒，心绪就沸腾了
所谓人生，那些起伏不定的
曲线交织的网
一直被定义，一直模糊

中年的酒百味相生
半生的匆忙与酒相慰
醉了自己，不负人间
经年的风霜是天赐的良药
让疏狂臣服，让一切郁结
学会与自己和解

天地转动悄然加快
万丈红尘是什么尘
千秋大业是什么业
谁的手方寸之间拿捏有度
谁的酒杯回响着支离破碎
谁的声音细语喃喃
谁的气势吞吐山河

谁在深夜摇晃着世界起舞
谁在放任情绪粗狂地抽泣
谁的意志试图抵抗命运的摆布
谁的灵魂被尼采的鞭子反复抽打
——"每一个不曾起舞的日子，都是对生命的辜负"

梧桐大道

穿越于你的那些行色匆匆不知所踪
在季节里流浪的梧桐雨是你的心结
身在金陵，你的名字无处可寻
成为网红是意外，梧桐大道
在虚拟的时空里穿梭的你

是艺术与唯美的化身
你把微笑写进每一双相遇的眼睛
众乐乐如初春的嫩草一样发芽了
现实的冷与热遗落在
灵隐寺路的两端

深秋的梧桐叶身姿婆娑
把深情与爱留给匆匆的路人
风起沙沙，那天然之声如奶奶手里织布机的吟唱
把时光穿梭成朴实的希望
一位诗人的多情让年轮上流浪的风沙
挂满泪滴

飞鸟

这些鸟看起来一个样
我叫不出它们的名字
在海上飞呀飞
它们是在寻找自己的影子吗

我看到的时间里它们都在飞
我担心它们过于疲劳突然掉下
与海水融为一体

我还忧虑它们若飞到对岸去
流离失所

对岸万物新奇
一眼望去那一段弧线
仿佛可以永恒
对岸会不会有人像我一样
为一只鸟写诗
为奔腾不息的激情发出
暧昧的感叹
——对岸，是彼此的对岸

你我皆过客，渤海湾的沙滩
是它们的领地
那叽叽喳喳的幸福密码
在海风里悠扬
太阳是远房亲戚
忽远忽近
海的辽阔是根植心底的远，
而飞翔
是一生的事业

海水狂野，我的双脚蠢蠢
欲动
我如果一跃而起
会不会比它们飞得更高，
更远？

——别问我天空的颜色
我只痴迷于飞翔

如梦

许是某年梦里的画面

自然的湖
自己的船

时间也是自然的
记忆和念想是多余的

在荒野的夏风中
太阳掉下去的时候
那水面叫作清凉

如水

如水，你的腰肢
最轻的风吹起微波
迷了方向
只一抿浅尝
天空瞬间弯下了腰

如水，你的影子
跳跃是无声的
飞叶是轻轻的

只余光一瞥
樱花即刻漫天

和你一起看海

凶猛的风
在你的长发上只见温柔

盼望已久的月光
在隐约地亲吻你的微笑

两颗闪烁不定的星
不经意间被海水拉近

我这样想象过

我这样想象过
以鹊桥代替爱情

我这样想象过
以飞虹代替画板

我的确这样想象过
以飞翔代替行走的姿势

琵琶湖

一弯山脉一段城墙围合成一
把琵琶
你的名字有音韵之美
犹抱琵琶半遮面的女子在想象中
踩莲而舞出世不久的小鸳鸯们
享受着最彻底的欢乐
一圈一圈绕湖踱步的人
来此矫正失衡的坐标或者
被冷落的灵感

湖面不大，风轻且缓
足以容纳一个诗人过剩的激情
安然如遁世者的湖水，在最低处
以最大努力活成被忽略的部分
世界太大却容不下你朴素的初心
多荣光之人一律拾级而下
俯察顿首归依，湖光山色汇
聚成一束
射入心底的光
湖水沉静，借城墙之手安抚
岁月斑驳
王朝兴衰更替如昨
城墙内外风云轶事在隔壁导
游的扩音器里
一遍遍复活

南方寺文学创作概况：作品见《意林》《中学生阅读》《思维与智慧》《青年博览》《大公报》《语文报》《扬子晚报》《北京青年报》《星星诗刊》《诗潮》《绿风诗刊》《扬子江诗刊》《雨花》《辽宁青年》《风流一代》等数百家报刊，随笔《图书馆：城市文化符号》《那段卖诗的时光》《不懂爱情》等被选入中学语文模拟试卷及中学生课外读物。

免责声明

为了让读者能有更好、更直观的阅读体验，提高分析研究能力，本书内容涉及有关股票、ETF、市场整体的价值研判与走势预测，仅作为作者分析、研究、交流之用，所有观点不构成投资建议。